Dietmar Grötzebach
Über Konstruktion und architektonische Form

Dietmar Grötzebach
Über Konstruktion und architektonische Form

Herausgegeben von Ute Heimrod
und Dieter Eckert

Mit einem Nachwort von Fritz Neumeyer

Inhalt

Vorwort 7
Die Idee einer Neuauflage
Ute Heimrod

Einführung 11
Der Architekt Dietmar Grötzebach
Dieter Eckert

Dissertation 19
Der Wandel der Kriterien bei der Wertung
des Zusammenhanges von Konstruktion und
Form in den letzten 100 Jahren
Dietmar Grötzebach

Nachwort 129
Die Konstruktion, der moderne Architekt und
die Logik der architektonischen Form
Fritz Neumeyer

Anhang 155
Werk- und Schriftenverzeichnis

Vorwort

Die Idee einer Neuauflage

Ute Heimrod

Für den Architekten Dietmar Grötzebach war die Einheit von Konstruktion und Gestalt das Wesentliche für den architektonischen Entwurf. Diesem Thema widmete er sich schon 1963 in seiner Doktorarbeit. Mit seiner Dissertation *Der Wandel der Kriterien bei der Wertung des Zusammenhanges von Konstruktion und Form in den letzten 100 Jahren* stellte er die Frage nach dem Zusammenhang von architektonischer Form und logischer Konstruktion und kam damit dem Begriff des Tektonischen näher, wie Fritz Neumeyer in seinem Nachwort ausführt. Er hat auch schon unmittelbar nach dem Tod von Dietmar Grötzebach eine mögliche Neuauflage erwägt.
Fritz Neumeyer verdanke ich den Hinweis auf Hanno-Walter Kruft, der in seiner *Geschichte der Architekturtheorie* die Dissertation von Dietmar Grötzebach in einer Fußnote erwähnt (S. 614, Anm. 106 und S. 621, Anm. 41). Außer dem Nachwort von Fritz Neumeyer begegnet Dieter Eckert in seinem Beitrag dem Architekten, dem Lehrer und politischen Menschen Dietmar Grötzebach in ganz persönlicher Sicht.
Es spricht für die Aktualität dieser Dissertation, dass sich von ihr mühelos der Bogen zur heutigen Fragestellung nach der Ausdruckskraft der Architektur spannen lässt, zu den Kriterien heutigen Bauens. Wir danken seinem lebenslangen Partner Günter Plessow sehr für die hilfreiche Unterstützung unseres Buchprojekts. Dem Verleger Philipp Meuser vom Verlag DOM publishers, der sich für unsere Idee des Neudrucks unmittelbar begeistern ließ, danken wir herzlich für die Möglichkeit, dieses Buch zu veröffentlichen.

Dietmar Grötzebach begann im Oktober 1972 die Lehre als Professor am Fachgebiet Entwerfen und Baukonstruktion im Fachbereich Architektur der Technischen Universität Berlin. Mir oblag dabei vom ersten Tag an die Organisation. Das Fachgebiet betreute in den 13 Jahren sechseinhalb viersemestrige Jahrgänge mit jeweils über 100 Studenten und darüber hinaus viele Diplomanden.
In enger Zusammenarbeit mit seinen Assistenten entwickelte er seine Lehre, nicht nur inhaltlich, sondern auch didaktisch. Ich habe ihn als Lehrer mit echter Berufung kennengelernt; immer spürte ich sein großes Interesse und seine Zugewandtheit, den Studenten die Grundlagen in Entwerfen und Baukonstruktion ganzheitlich zu vermitteln, von der Recherche über die Stadtplanung, den Entwurf mit Konstruktion bis hin zum Haus. Viel Humor und sanfte Ironie charakterisierten seine Kritiken studentischer Entwürfe, seine Vorlesungen über Baukonstruktion – an sich eher eine trockene Materie – waren vergnüglich und leicht verständlich.
In den noch turbulenten Post-68er-Zeiten an der TU Berlin gelang es ihm, nicht nur als Lehrer, sondern auch als Mitglied der Fachbereichsratsverwaltung, geschickt Konflikte in tragbare Kompromisse zu wandeln. Die Souveränität seines Auftretens verschaffte ihm auf allen Ebenen seines Wirkens Glaubwürdigkeit, insbesondere seine Integrität, mit der er prinzipiell das schwächste Glied in der Kette stützte. Er wollte Studenten nicht nur das Bauen als Aufgabe, sondern auch die Verantwortung des Architekten gegenüber der Gesellschaft vermitteln; diese Verantwortung zeigte auch sein starkes Engagement in seiner Geburtsstadt Berlin, wo er sich sehr früh

Vorwort

und kontinuierlich einmischte; schon zu seiner Assistenzzeit bei Prof. Bernhard Hermkes nahm er intensiv an den Diskussionen zur Stadtplanung und der Entwicklung des Bauens in Berlin teil.
Auch außerhalb der Universität war er ein viel gefragter Diskussionspartner und außerordentlicher Mediator. Heute würden wir ihn aufgrund dieser besonderen Fähigkeit und intellektuellen Souveränität als Gesprächspartner in vielen Diskussionsrunden erleben und: er würde sicher humorvoll-ironisch-verzweifelt mit dem aktuellen Berliner Baugeschehen umgehen ...
Ihm lag die Unterstützung der jungen Architekten besonders am Herzen: Er setzte sich sehr erfolgreich etwa als BDA-Vorsitzender für die Vergabe von Bauaufträgen an junge Wettbewerbspreisträger ein – der Bund Deutscher Architekten hat dies seitdem als verpflichtende Aufgabe übernommen.
Viel zu früh verstarb Dietmar Grötzebach 1985 mit 48 Jahren. Seit seinem überraschenden Tod suchte ich immer wieder nach einer ihm entsprechenden, angemessenen Form des Erinnerns, des Gedenkens. Das Projekt, seine Doktorarbeit in Buchform neu erscheinen zu lassen, in Auseinandersetzung mit seiner – heute noch aktuellen – Themenstellung, ist Dietmar Grötzebach angemessen; vielleicht würde er zunächst leicht irritiert sein und ein wenig schmunzeln ob der Beschäftigung mit seiner Person, aber dann mit Vergnügen in den Diskurs einsteigen ...
Durch die intensive Zusammenarbeit im direkten Dialog und den achtungsvollem Umgang habe ich mich Dietmar Grötzebach zeitlebens freundschaftlich verbunden gefühlt.

Einführung

Der Architekt Dietmar Grötzebach

Dieter Eckert

Es gibt gute Gründe, die Dissertation von Dietmar Grötzebach *Der Wandel der Kriterien bei der Wertung des Zusammenhanges von Konstruktion und Form in den letzten 100 Jahren* heute, mehr als 50 Jahre nach ihrer Einreichung an der Technischen Universität Berlin, als Buch zu veröffentlichen. Schließlich ist die Frage nach dem Verhältnis von logischer Konstruktion und architektonischer Form der Architektur als Disziplin immanent. Denn, wie es Fritz Neumeyer in seinem Nachwort zu dieser Dissertation formuliert: »Die Frage, inwieweit der Konstruktion als unabdingbare Voraussetzung für jedes Bauwerk auch als Ausdrucksform Bedeutung zukommt, ist und bleibt eine Angelegenheit von genuin architektonischer Relevanz.« Da die historische und architekturtheoretische Einordnung dieser Schrift und ihre kritische Betrachtung von Fritz Neumeyer vorgenommen wird, will ich an dieser Stelle an den Architekten Dietmar Grötzebach erinnern, der in seiner Stadt Berlin in vielfältiger Weise wirksam war: als Architekt, der Bauten und städtebauliche Projekte gemeinsam mit seinen Büropartnern Günter Plessow (1963–1985), Gerd Neumann (1963–1972) und Reinhold Ehlers (1972–1985) realisierte, als Professor für das Fach Entwerfen und Baukonstruktion an der Architekturfakultät der Technischen Universität Berlin, wo er von 1972 bis zu seinem frühen Tod am 25. März 1985 mehr als sechs Generationen von Architekturstudenten mit den Grundlagen der Architektur vertraut machte, und schließlich als der homo politicus, der das architektur- und städtebaupolitische Geschehen Berlins, unter anderem als langjähriges Vorstandsmitglied und als erster Vorsitzender des Bundes Deutscher Architekten Berlin zwischen 1979 und 1985, entscheidend mitprägte.

Dietmar Grötzebachs umfängliches berufliches Wirken ist von einem Selbstverständnis als Architekt getragen, in dem das bauliche Betätigungsfeld nicht vom politisch-gesellschaftlichen zu trennen ist. Zu diesem Selbstverständnis gehört es, den Architekten in die gesellschaftliche Verantwortung zu nehmen und die Architektur selbst als eine öffentliche Angelegenheit zu betrachten. Hieraus folgte auch die Intention, die baulich-städtebauliche Praxis mit der Bau- und Städtebaulehre zu verknüpfen: Denn seit Beginn der Laufbahn als freischaffender Architekt steht die akademische Lehre gleichrangig neben der Bürotätigkeit, zunächst als Assistent am Lehrstuhl von Bernhard Hermkes von 1962 bis 1965, nach 1972 als Professor für das Fachgebiet Entwerfen und Baukonstruktion.

Zu dem ganzheitlichen Berufsbild gehört es auch, die beginnende Architekturlaufbahn durch die Abfassung einer theoretischen Schrift auf ein gedankliches Fundament zu stellen, um sich eine theoretische Position für die Betrachtung und Beurteilung von Architektur nicht nur in der akademischen Lehre, sondern auch in der konkreten Entwurfsarbeit zu erobern.

Der praktizierende Architekt Dietmar Grötzebach hat sich nach eigenen Worten als »Gruppenindividuum« gesehen – eine Bezeichnung, die im Zeitalter der Stararchitekten von geradezu provozierender Zurückhaltung ist. Von den Bauten, die in den Arbeitsgemeinschaften Neumann Grötzebach Plessow (NGP) und Grötzebach Plessow Ehlers (GPE) realisiert wurden (siehe Werkverzeichnis im Anhang), nenne ich hier nur die wichtigsten: das evangelische Gemeindezentrum in Plötzensee (1967–1970), die Evangelische Schule in der Guerickestraße in Berlin-Charlottenburg (1967–1973), die IBA-Wohnhäuser in der Dessauer Straße in Berlin-Kreuzberg (1983–1987), die Stadtsanierung des Bethanienviertels in Berlin-Kreuzberg (Planung und Neugestaltung, 1972–1974) mit den Realisierungen im Block 100 (Neubau und Altbausanierung, 1974–1981) und der Neugestaltung des Mariannenplatzes (1975–1981).

Gerade die letztgenannten Projekte bezeugen die nachhaltige Wirkung und Bedeutung des Architekten Grötzebach und seines lebenslangen Büropartners Günter Plessow. In ihrer langjährigen Beschäftigung mit dem Stadtraumgefüge rund um den Mariannenplatz haben beide zu einem Motto gefunden, das sie schließlich wie eine Überschrift über ihr Werk stellten, das man zugleich aber auch

Neues Eckhaus, Mariannenstraße/ Ecke Naunynstraße

Einführung

Block 100, Waldemarstraße 94, Straßenseite

als Maxime urbaner Architektur betrachten kann: »Stadtplanung einfach, Konzepte gewöhnlich, Häuser normal«.[1]

»Dies Projekt (Stadterneuerung im Bethanienviertel, Anm. d. Hg.)«, erläutert Dietmar Grötzebach 1984 in einem Vortrag, »war das erste, in dem die Auseinandersetzung mit gegebener Stadtgestalt und die Bemühung um Normalität für unsere Arbeit bestimmend wurde und nicht ein Gesichtspunkt unter anderen war.«[2] Das Planungsziel lautete daher: Konzentration auf die Reparatur des für Berlin einmaligen Stadtraumgefüges rund um den Mariannenplatz, das Bestehende zur Basis der Neugestaltung zu machen, alte Häuser, auch Gewerbeflügel im Blockinnern, zu erhalten und zu modernisieren und Neubauten einzufügen. Diese Grundsätze und Zielsetzungen bedeuteten nicht nur die Rückgewinnung der Stadtgestalt einschließlich der Erschließung, Nutzung und Sozialstruktur des Bethanienquartiers, sondern ganz allgemein die Renaissance der Blockstruktur als Rückbesinnung auf das stadträumliche Spannungsverhältnis von öffentlichen Straßen und privaten Höfen, dem Hauptmerkmal des städtischen Wohnens: Damit wurde die Abkehr, nein, die Umkehrung der bis dahin geltenden allein auf Funktionalität konzentrierten Städtebau-Prinzipien vollzogen.

Was Grötzebach unter dem Begriff des »normalen« Hauses verstand, erklärte er ebenfalls in dem genannten Vortrag: »Auch wenn dies als Arbeitsmaxime nicht sehr spektakulär klingen mag: es ist kein Motto der Bescheidenheit, kein Bekenntnis zur Unscheinbarkeit und zu purer Hintergrundarchitektur (...). Sondern gemeint ist: Wo andere auf individualistische Weise originell sein wollen, versuchen wir, Eigenart aus Norm und Tradition zu entwickeln. Je dichter neben der Normalität uns dies gelingt, desto zufriedener sind wir mit dem Arbeitsergebnis.«[3] Kann man das Festhalten an baulichen und städtebaulichen Konventionen als Bedingung zum Weiterbauen der Stadt besser beschreiben? Der Block 100 gibt ein gutes Beispiel für diese Maxime, sind doch die Neubauten als solche, neben den

---

1 *Wie wir arbeiten, was wir wollen*, Dietmar Grötzebach, Auszug aus einem Vortrag in Venedig, 1984, veröffentlicht als *Aedes-Katalog Grötzebach, Plessow, Ehlers. Projekte 1975–1985* sowie in: *Construire A Berlin-Ovest – L'attività dello studio Grötzebach Plessow Ehlers*, hrsg. von Pasquale Lovero, S. 14–32.
2 Ebenda.
3 Ebenda.

klassizisierenden Altbaufassaden der Nachbarhäuser erst auf den zweiten Blick erkenntlich. Auch stellt die Rückverwandlung des Mariannenplatzes, des stadträumlichen Zentrums des Bethanienquartiers, in einen grünen Stadtplatz, ein anschauliches Beispiel dar für jenen Leitsatz und den Umgang mit Traditionen: Grötzebach und Plessows Neugestaltung orientiert sich an den Grundzügen des Lenné-Entwurfs – Axialität, geometrische Regelmäßigkeit, Dreiteilung –, fasst den Platz durch zwei längs verlaufende Platanenalleen und verbindet diesen Raum durch Öffnungen mit dem umgebenden Straßennetz. Der Höhenunterschied zwischen der durch Trümmeraufschüttungen erhöhten Platzebene und den Straßen wird an den Platzenden diskret durch Rasenrampen ausgeglichen, in der Mitte des Platzraums dagegen durch einen treppenartig abgesenkten Mittelkreis optisch wirksam in Szene gesetzt. Dieses »Amphitheater«, das die räumliche Mitte des Mariannenplatzes akzentuiert, dient dank seiner axialen Lage auch dem Veranstaltungsort Bethanien als Vorplatz.

Den beiden Architekten ist mit einfachen gartengestalterischen Mitteln und dem Respekt vor dem Erbe Lennés auf diese Weise gelungen, den für das historische Stadtraumgefüge der Kreuzberger Luisenstadt bedeutendsten Stadtraum neu entstehen zu lassen.

Um den homo politicus Dietmar Grötzebach ins Bild zu setzen, sollen zwei seiner Wegbegleiter zu Wort kommen, die ihn in dieser Rolle erlebt haben: Julius Posener, der bedeutende Architekturhistoriker und -kritiker, der Grötzebach in kritischer Wertschätzung zugeneigt war, und Jan Rave, der Freund und Kollege und langjährige Stellvertreter im BDA-Vorsitz. Beide würdigten Dietmar Grötzebach in ihren Trauerreden anlässlich seiner Beerdigung am 2. April 1985 ausdrücklich auch als politischen Menschen.

Posener lernte Grötzebach in der Studentenbewegung kennen, »in erregten Zeitläufen (...) wir standen auf der gleichen Seite«. Grötzebach gehörte 1968 zu den Vorbereitern der Ausstellung *Diagnosen* im noch unfertigen Scharoun-Bau der Architekturfakultät am Ernst-Reuther-Platz. »Die Diagnosen aber betrafen Profitgier, Handel mit Einfluss, Verflechtung von Amt und Interesse: ein flammender Protest; nein: ein gründlicher, ein gut fundierter Protest.

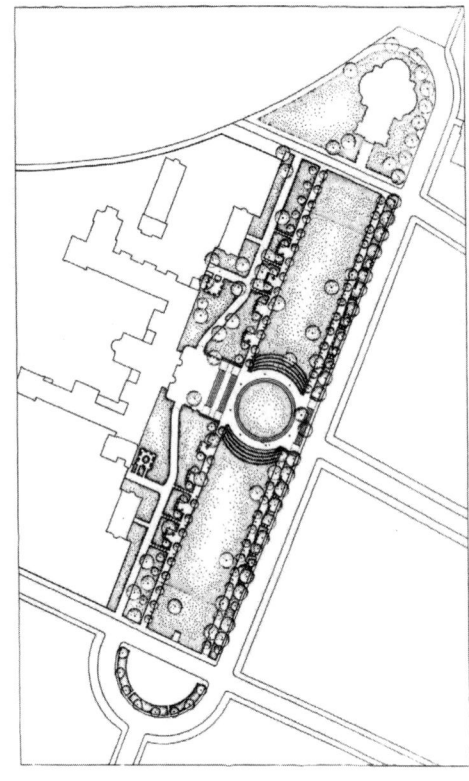

Mariannenplatz, Lageplan

Einführung

Block 100, Waldemarstraße 94, Hofseite

Dietmar Grötzebach stand ganz dahinter.«[4], so Julius Posener, der unmittelbar hinzufügte: »Für Grötzebach musste Protest überwunden werden.«[5] Posener erkennt in Grötzebach eine Gabe, die ihn zu einem politisch Gestaltenden mache, nämlich die Sicherheit in der Haltung, »welche es erlaubt zu vermitteln, nicht aber nachzugeben, wenn es darauf ankommt. Diese Fähigkeit aber: zu vermitteln und doch die Grenzen zu sichern, macht ihn zum homo politicus. Das war er, und er war es gern.«[6]

Dass Grötzebachs sprichwörtliche Gelassenheit eine wesentliche Grundlage seiner politischen Wirksamkeit in städtebaulichen und baulichen Diskursen darstellte, hat Jan Rave in seiner Trauerrede betont: »Wenn ich heute an Dietmar Grötzebach denke, tritt mir eine Eigenschaft in den Vordergrund: die Ausstrahlung von Wohlbehagen. Selbst wenn es keinen Anlass zur Freude gab – und das kam häufig genug vor bei den Auseinandersetzungen unseres Architektenbundes mit der Behörde – blieb er immer gelassen, und er entwarf genüsslich den Gegenzug. Den Ernst nahm er spielerisch, die Spiele nahm er Ernst. Zweifellos lag diese Grundtendenz auch in seinem Verhältnis zur Architektur, die er als Ergebnis von Spielregeln sah, die die Spieler bestimmen. Architektur also als Gesellschaftsspiel? Ein spannendes sogar.«[7]

War Gelassenheit die mentale Voraussetzung, um die Rolle des Mittlers in baulichen und städtebaulichen Entscheidungsprozessen zu übernehmen, so war die Kunst der Sprache das Instrument, das Grötzebachs Rolle als homo politicus unterstrich. Über das Rethorische hinaus war die Sprache für ihn, im Geiste Heinrich von Kleists *Über die allmählicher Verfertigung des Gedankens beim Reden*, das Medium, Gedanken zu erfassen, zu bilden und schließlich wortgewaltig in den Raum zu stellen. »In öffentlichen Diskussionen oder in Preisgerichten überzeugte er durch seine präzise Argumentation, gewann er durch unbestechliches Qualitätsgefühl und seine Fähigkeit zur Vermittlung.«[8], so formulierte es Jan Rave.

4 Julius Posener am 2. April 1985 beim Trauergottesdienst für Dietmar Grötzebach, Privatarchiv Günter Plessow.
5 Ebenda.
6 Ebenda.
7 Jan Rave am 2. April 1985 beim Trauergottesdienst für Dietmar Grötzebach, Privatarchiv Günter Plessow.
8 Ebenda.

»Bestimmt, aber nicht bestimmend«, so möchte ich das Charisma des Lehrers Dietmar Grötzebach aus der Perspektive des Schülers charakterisieren, den die Dissertation seines Professors bereits als Student beschäftigte. Im Nachdenken über die eigene architektonische Herkunft will mir Grötzebachs Lehre als modellhaft und richtungsweisend erscheinen, denn Entwerfen und Baukonstruktion wurden als zwei Seiten derselben Medaille gesehen und hinter allem stand das städtebauliche Denken.

Es waren die aus der baulichen und städtebaulichen Praxis – insbesondere aus der Sanierung des Bethanienviertels – gewonnenen Einsichten, die für die Lehre prägend wurden und einen so nachhaltigen Eindruck hinterlassen haben.

Zugleich geben Grötzebachs Vernetzung von Praxis und Lehre und seine Personalunion von homo politicus und Architekturprofessor ein gutes Beispiel für die Einbindung und Mitwirkung der Hochschule in die laufenden Diskussionen zur Stadt und ihrem Baugeschehen.

Die in der Dissertation vorgetragenen Überlegungen zum Verhältnis von Form und Konstruktion haben sich selbstverständlich auch in der Lehre und vor allem in den Vorlesungen von Dietmar Grötzebach niedergeschlagen. Im Gedächtnis geblieben ist mir die Erörterung des Themas Außenwand. Wie meistens kamen in der Vorlesung Overheadfolien zum Einsatz, um Erläuterungen durch synchrones Skizzieren anschaulich zu machen. Grötzebach begann seine Ausführungen damit, zwei parallele Linien auf die Overheadfolie zu zeichnen. »Was Sie sehen, ist der Schnitt einer Außenwand, einer herkömmlichen Außenwand«, so etwa sein Kommentar; und er betonte: »Die monolithische Wand aus Mauerwerk löst alle Aufgaben, die an eine Außenwand gestellt werden: Tragen, Dämmen, Bekleiden.« Unter diese beiden Linien zog er als nächstes dann fünf parallele Linien mit unterschiedlichen Zwischenräumen. »Was Sie nun sehen, ist der Schnitt einer heutigen Außenwand. Die Aufgaben Tragen, Dämmen, Bekleiden werden hier durch unterschiedliche Materialien und Wandschichten bewältigt.«

Darauf folgte die Abhandlung der Materialität der einzelnen Schichten und die bauphysikalischen und konstruktiven Bedingungen ihrer Fügung, um uns die wortwörtliche Komplexität der mehrschichtigen Außenwand vor Augen zu führen.

Mariannenplatz, Amphitheater

Was jedoch nicht zur Sprache kam, war die Frage, welcher Schicht nun, da die tragende, die konstruktive Wand, hinter der bekleidenden und dämmenden Schicht verschwunden ist, die Aufgabe der architektonischen Formgebung zukommt. Entweder glaubte Dietmar Grötzebach, seine Studenten seien für Sempers Bekleidungstheorie noch nicht reif, oder er war mit dieser selbst gedanklich noch nicht ins Reine gekommen. Zutreffend hätte wohl beides sein können.

Diese Vorlesung war eine gute Gelegenheit, das zur Sprache zu bringen, was Dietmar Grötzebach in seiner Dissertationsschrift *Der Wandel der Kriterien bei der Wertung des Zusammenhangs von Konstruktion und Form in den letzten 100 Jahren* thematisiert: dass die Bedingungen im Verhältnis von Konstruktion und Form in stetem Wandel sind.

Dissertation

Der Wandel der Kriterien
bei der Wertung des Zusammenhanges
von Konstruktion und Form
in den letzten 100 Jahren

von

Dipl.-Ing. Dietmar Grötzebach

aus Berlin

Von der Fakultät für Architektur der
Technischen Universität Berlin-Charlottenburg
zur Verleihung der akademischen Würde
DOKTOR-INGENIEUR
genehmigte Dissertation

Berlin 1965

Eingereicht am: 15. März 1963

Tag der mündlichen Prüfung: 28. Januar 1965

Berichter: Prof. Dipl.-Ing. B. Hermkes
Berichter: Prof. Dipl.-Ing. K. H. Schwennicke

Inhalt

Vorwort	23
Einleitung	25
»Konstruktive Ehrlichkeit« in Theorie und Praxis des 19. und 20. Jahrhunderts	32
»Konstruktive Ehrlichkeit« und sinnfällige Formgebung	54
»Konstruktive Ehrlichkeit« und wirtschaftlich-technische Logik	71
Manipulation des Konstruktiven	101
Schluß	115
Literaturverzeichnis	119
Abbildungsverzeichnis	125

Vorwort

Der Anlaß zu dieser Arbeit war meine Tätigkeit als Assistent am Lehrstuhl für Entwerfen, Baukonstruktion und Industriebau von Prof. Hermkes an der Technischen Universität Berlin, wo im Rahmen vieler Übungsarbeiten von Studenten versucht wurde, die Form von Baukörpern oder Baugliedern aus konstruktiven Gegebenheiten abzuleiten und die baukörperliche und räumliche Erscheinung mit einer struktiven Idee in Einklang zu bringen. Hierbei erwies sich der Begriff »konstruktive Ehrlichkeit« als vieldeutig und schwer handhabbar, so daß eine Überprüfung des Sinngehalts und der Grenzen des Geltungsbereichs dieses Begriffs als ästhetisches Kriterium notwendig schien. (Bei dieser Untersuchung ist die Bezeichnung »konstruktive Ehrlichkeit« trotz ihres Klischeecharakters als Arbeitsbegriff beibehalten worden.)

Für Rat und Unterstützung bei der Abfassung dieser Arbeit bin ich meinem Lehrer Prof. Hermkes sehr zu Dank verpflichtet. Überhaupt ist die Arbeit nur denkbar vor dem Hintergrund der geistigen Auseinandersetzung mit dieser Problematik, die die Arbeit am Lehrstuhl von Prof. Hermkes kennzeichnet.

Einleitung

Die vorliegende Arbeit ist ein Versuch, den Begriff »konstruktive Ehrlichkeit«, der heute als geläufiges Schlagwort bei der Beurteilung vieler Bauwerke auftaucht, näher zu untersuchen; einmal soll versucht werden, der Entstehung und dem eventuellen Bedeutungswandel des Begriffs nachzuspüren, zum anderen ist es das Ziel, die Bedingtheit, die sachliche Abhängigkeit des Begriffs in seiner Eigenschaft als Kriterium ästhetischer Wertung von anderen Faktoren zu klären. Es soll gefragt werden, ob und wann »konstruktive Ehrlichkeit« absolute Forderung sein kann und unter welchen Einflüssen und wie weit diese Forderung relativiert werden muß.

Schon im 15. Jahrhundert kann man bei Alberti lesen: »Bei Bogenstellungen müssen die Säulen viereckig sein. Denn bei runden wird die Ausführung lügenhaft sein; deshalb, weil die Enden des Bogens nicht vollständig auf dem Kern der Säule aufsitzen, sondern um was die Fläche des Quadrates über den eingeschriebenen Kreis hinausgeht, um das hängen sie in der Luft. Um dies zu vermeiden, setzten die erfahrenen Alten auf die Kapitäle der Säulen noch eine andere viereckige Platte.«[1]

Dieser Abschnitt aus Albertis Büchern über die Baukunst soll hier als Beleg dafür stehen, daß es schon früh üblich war, bestimmte Bauformen als »lügenhaft« zu bezeichnen und daß die Kriterien der »konstruktiven Ehrlichkeit« keine Errungenschaft von heute sind. Allerdings wäre es verfehlt, in Alberti einen direkten Vorläufer moderner Strukturästhetik zu sehen, weil man in der Baugeschichte zwei grundsätzlich verschiedene Arten konstruktiven Denkens, konstruktiv inspirierter Formgebung verfolgen kann. Man wird einmal finden, daß die tragende Substanz eines Bauwerks unmittelbar

---

1 Alberti, Zehn Bücher über die Baukunst, p. 396

geformt und gestaltet ist; zum anderen wird man auf den symbolischen Gebrauch »konstruktiver Formen« allgemein verständlichen Inhalts zur Charakterisierung von konstruktiven Funktionen in oft unstrukturierter Baumasse stoßen.

Um das klassische Beispiel zu zitieren: Die griechische Säule ist so in das struktive Gefüge eines Tempels eingeordnet, daß konstruktive Form und konstruktives Glied sich decken. Die Säule steht frei und trägt eine bestimmte Last, auf die sie in Dimension und Gestalt bezogen ist, nicht im Sinne maximaler Materialausnutzung, sondern im Sinn einer glaubwürdigen architektonischen Erscheinung. – Als Bestandteil römischer Amphitheaterfassaden degeneriert die Säule zum dekorativen Motiv. Der konstruktiven Substanz – hier übereinander gestellte Bogenreihen – wird eine Blendarchitektur überlagert, die formalen Zusammenhang in die Fassade bringt und in allgemein verständlicher Weise den Kraftverlauf durch die Geschosse symbolisiert.

Von diesen beiden Gestaltungsmöglichkeiten ausgehend würde man die griechische Klassik und die Gotik als zumeist unmittelbar konstruktiv bezeichnen können und andere Stilepochen, wie die römische Klassik oder die Romanik, Renaissance und Barock, vorwiegend durch den symbolischen Formgebrauch gekennzeichnet finden. Dies meint nicht, daß die Säule etwa in der Renaissance ausschließlich als Symbol und nie als direkt tragendes Glied Verwendung fand; gemeint ist, daß überhaupt die Möglichkeit gegeben war, die Konstruktionsform als symbolisches Dekor zu benutzen. In diesem Sinne kennzeichnet Dehio den Übergang von der Romanik zur Gotik:

»Von einer symbolischen Verwendung struktiver Scheinformen, die ein Hauptmittel der romanischen Dekoration gewesen war, ist nicht mehr die Rede; in streng realistischem Wahrheitssinn hat jedes struktive Glied wirklich etwas zu leisten; nicht das kleinste könnte entbehrt werden, ohne daß alles in Bewegung käme. Struktur und Dekoration sind eins geworden.«[2]

Wenn Berlage für das Abendland nur zwei Stile, den griechischen und den gotischen, originell nennt[3], oder wenn Platz von »primärem« und »sekundärem« Stil spricht[4], entspricht das der von uns gemachten Unterscheidung, die insofern natürlich vereinfachend ist, als die Degeneration konstruktiver Formen zum Schmuckmotiv oft schon innerhalb einer Stilepoche zu verfolgen ist:

»Die ästhetische Ausdruckskraft, der optische Reiz von neuen, aus konstruktiven, nicht-künstlerischen Beweggründen entstandenen, aber von wirklichen Künstlern gestalteten, neuen Bauformen werden nach kurzer Zeit allgemein empfunden und geschätzt. Sobald dies der Fall ist, pflegen der statisch-funktionelle Ursprung vergessen, die Formen übersteigert, doch zu bloßen Dekorationselementen entwertet zu werden. Das geschah zum Teil schon bald nach Aufstellung des Systems in dem überreichen Stab- und Maßwerk mancher Kathedralen, dann hauptsächlich in den Netz- und Fächergewölben der englischen und deutschen Spätgotik, deren Rippen nun »nicht mehr das tragende Gerüst des Gewölbes, sondern nur noch ein über dasselbe gebreitetes schmückendes Ornament bilden.«[5]

2 Dehio, Deutsche Kunst, Bd. I, p. 256
3 Vgl. Berlage, Grundlagen und Entwicklung der Architektur, p. 92
4 Vgl. Platz, Baukunst der neuesten Zeit, p. 91
5 Straub, l.c., p. 49

Im Hinblick auf die Moderne wird eine Ergänzung nötig. Es ist im Rahmen dieser Untersuchung bei der Betrachtung eines »primären Stils« erst in zweiter Linie interessant, ob die Formung der tragenden Substanz nur aus materiellen und technischen Gegebenheiten heraus geschieht, wie es heute versucht wird – Platz spricht von unserer »abstrakten Architektur«[6] – oder ob die einzelnen Strukturelemente in Anlehnung an ein überwundenes Konstruktionssystem geformt werden, wobei an die Entstehungsgeschichte der griechischen Architekturformen aus dem Holzbau und die bei Alberti, Semper und anderen angeführten diesbezüglichen Detailanalogien zu erinnern wäre. Auch ob in dem Bemühen um sinnfällige Form psychologische Betrachtungshilfen gegeben werden – etwa dadurch, daß der Stein wie ein elastisches Material behandelt wird und durch Säulenschwellung, Basiswülste u. ä. das Einfühlen in den konstruktiven Zusammenhang erleichtert wird, ist von Nebeninteresse. Wichtig für unsere Unterscheidung ist, ob die – nach welchen Grundsätzen auch immer – gestaltete Form konstruktives Glied i s t oder ob sie als Dekorationsform einen konstruktiven Zusammenhang symbolisiert.

Um Mißverständnissen vorzubeugen: es geht hier nicht darum, die verschiedenen Stile der Baugeschichte lapidar und schematisch in unmittelbar konstruktive und in konstruktiv-symbolische einzuteilen. Diese Einteilung wäre – absolut genommen – nicht stichhaltig und durch viele Einzelbeispiele zu erschüttern. Wie in der Spätgotik strukturelles Glied und Ornament ineinander übergehen, ist bereits erwähnt worden und daß die Triglyphen des griechischen Tempels in ihrer Analogie zum Holzbau auch Symbolformen sind, daß im Tempel von Bassae Säulen und Wandvorlagen verschmelzen, relativiert auch für die Antike unser Schema. Aber es ist hier

---

6 Platz, l.c., p. 76

für unsere weiteren Betrachtungen als Arbeitsgrundlage wichtig, die beiden verschiedenen Arten konstruktiv inspirierter Formgebung, die möglich sind, gegeneinander abzusetzen, nur in zweiter Linie ist die Frage interessant, welche Epoche durch welchen Formgebrauch gekennzeichnet werden könnte.

Diese Differenzierung scheint naheliegend und es wäre müßig, sie hier anzuführen, wenn in der modernen Literatur in dieser Hinsicht begriffliche Klarheit herrschte. Als Beleg für die verbreitete begriffliche Unsicherheit mag ein aktuelles und prominentes Beispiel genügen. Curt Siegel bezeichnet die zur Schraube gewundene Barocksäule als »sinnentstellende Spätform«[7]. (Nicht, daß diese Charakterisierung Ergebnis einer eingehenden Untersuchung wäre; aber gerade die beiläufige Selbstverständlichkeit, mit der sie einherkommt, ist in diesem Zusammenhang decouvrierend.) Zu dieser negativen Wertung kommt Siegel, weil er die Barocksäule unter dem unangemessenen Gesichtswinkel »Strukturform oder nicht« betrachtet, d. h. sie wertet, ohne die Spielregeln des Barock zu berücksichtigen. Er übersieht, daß die Barocksäule als auf dem Boden symbolischen Formgebrauchs gewachsene Form nicht den materialistischen Kriterien unserer Zeit unterliegt und als barockes Symbol durchaus logisches Ergebnis einer formalen Entwicklung ist. »Durch die gewundene Barocksäule wurde nicht der Zweck des Tragens zuschanden gemacht. Es war nicht ein architektonisches Kunststückchen damit beabsichtigt, sondern in wohlvorbereiteter folgerichtiger Fortentwicklung wurde die Leichtigkeit des Tragens in ein immer freieres phantasievolles Spiel der Kräfte übersetzt: eine künstlerische Freiheit, die keineswegs in gesetzloser Weise des inneren Zweckzusammenhanges entbehrt. Ob dabei die Säule wirklich die ihr nach zahlenmäßiger Belastung zukommende

---

7   Siegel, Strukturformen, p. 9

Last trägt, bleibt gleichgültig, solange nur die Erscheinung nicht künstlerisch unwahr oder unwahrscheinlich wird.«[8] Die Mißverständnisse in der modernen Literatur sind aber hier nur nebenbei interessant. Wichtig ist vielmehr die Tatsache, daß demjenigen, der den Wandel der Kriterien im Hinblick auf die »konstruktive Ehrlichkeit« zurückverfolgt, die Forderung nach »konstruktiv ehrlicher, logischer« Baukunst zu jeder Zeit in irgendeiner Weise als gültige Maxime begegnet. Das einleitende Albertiwort war ein frühes Beispiel dafür, wobei Alberti als Renaissancebaumeister selbstverständlich konstruktiv-symbolisch und in den Kategorien seines »sekundären« Zeitstils denkt. Es finden sich so leicht keine Epoche und kein Baumeister, die das von Mies so oft zitierte Augustin-Wort »Schönheit ist der Glanz des Wahren« nicht für gültig gehalten und auf ihre Werke bezogen hätten. Die Unterschiede und der Wandel der Einstellung manifestieren sich nur in der Interpretation dieses Wortes, in den praktischen Konsequenzen, die daraus gezogen werden. Als Beispiel für eine substanzbezogene Betrachtung von Bauformen mag hier ein Torroja-Zitat stehen: »Die Kuppel von St. Peter in Rom war nicht imstande, nur durch das Gewicht ihrer Quader die Zugbeanspruchungen zu ertragen, die sich infolge der verwendeten Leitlinie in den Breitenkreisen der Mittelpartie ergeben. So mußte man sie zuerst mit eisernen Krampen und Ringen versehen, um die Quadersteine zu halten. Diese Ringe mußten später noch mehr, fast im Sinne eines Stahlbetonbaues, verstärkt werden. Da diese Bauteile nach außen hin weder sichtbar sind, noch das betrachtende Auge sie erwartet, kann man nicht von einem gut getroffenen oder statisch getreuen Ausdruck sprechen. Der Schönheit dieser Kuppel tut dies jedoch keinen Abbruch.«[9]

8 Sörgel, Architektur-Ästhetik, p. 168
9 Torroja, Logik der Form, p. 232

Diese Betrachtungsweise leuchtet heute ein, hätte aber der Renaissance, die konstruktive Logik darin sah, daß das auf die Substanz projizierte konstruktive Schema mit seinen Gebälken und Gesimsen, mit Säulen, Halbsäulen, Pilastern und Konsolen in sich sinnvoll zusammenhing, irrelevant geschienen. Der Schönheit der Kuppel tun die von Torroja aufgezählten »Mängel« deshalb »keinen Abbruch«, weil die ästhetische Analyse und Betrachtung eines Renaissancebauwerks auf ganz anderer Ebene stattfinden und sich ganz anderer Kriterien bedienen müßten.

Eine Anschauungsweise, die der Renaissance angemessen ist und mit ihrer Formauffassung im Einklang steht, finden wir bei Wölfflin, der den Manieristen Giulio Romano als einen Mann bezeichnet, »dem jedes architektonische Gewissen fehlte«[10]. Er tut dies nicht verborgener Eisenteile und irgendwelcher wie immer auch gearteter Scheinkonstruktionen wegen, sondern weil er das Spiel mit dem konstruktiven Symbol, das bewußte Ignorieren und geistreiche Manipulieren der Renaissancespielregeln, des symbolischen Formenkanons rügt. Die konstruktive Substanz mag sein, wie sie will; daß Zusammenhänge im Dekorationsschema aufgelöst werden, wird moniert.

Eine Untersuchung, die die Entwicklung der modernen Strukturästhetik zu schildern versucht, wird sich also keineswegs darauf beschränken dürfen, zu prüfen, wann die Forderung nach »konstruktiver Ehrlichkeit« erstmalig auftritt oder zu beschreiben, wie sie langsam dringlicher wird; sie wird vielmehr versuchen müssen aufzuzeigen, wie sich die Auffassung dieses Begriffs ändert und wie weit in unserem Sinne Neues jeweils zum Inhalt dieser Forderung wird.

10 Wölfflin, Renaissance und Barock, p. 32

»Konstruktive Ehrlichkeit« in Theorie und Praxis des 19. und 20. Jahrhunderts

Der Versuch, den Wandel des Verhältnisses von realer Konstruktion zur Bauform zu verfolgen, kann sich im Rahmen dieser Arbeit nicht auf die gesamte Baugeschichte beziehen. Die historische Entwicklung ist hier nur insoweit von Interesse, als sich unsere Auffassung von »konstruktiver Ehrlichkeit« daraus erklären läßt. Der moderne Begriff soll in seiner historischen Bedingtheit gezeigt werden. Deshalb scheint es sinnvoll, die Betrachtung an einem Punkt zu beginnen, an dem im Gegensatz zur heutigen Situation Baumaterial und Realkonstruktion keinen oder nur geringen Einfluß auf die fertige Bauform hatten. Dies gilt für den Beginn des 19. Jahrhunderts.

Die Wende vom 18. zum 19. Jahrhundert bietet sich noch aus einem anderen Grund als Ansatzpunkt an. Bis zu diesem Zeitpunkt fußte Baukunst unmittelbar auf gesunder handwerklicher Tradition, weshalb wir kaum schriftliche Aussagen zu unserer Problemstellung finden, während sie seither Gegenstand einer kontinuierlichen und schriftlich fixierten Reflexion ist.

Für den Klassizismus und die Romantik hatten die reale Konstruktion und das Baumaterial als formbildende Faktoren wenig Bedeutung. Zwar schreibt Schinkel in den Gedanken zu seinem unvollendeten Lehrbuch, er gerate zuzeiten in »den Fehler der rein radicalen Abstraction«, wo er »die ganze Conzeption für ein bestimmtes Werk der Baukunst aus seinem nächsten trivialen Zweck allein und aus der Construction entwickelte«[11]. Aber kennzeichnend daran ist weniger, daß dieser Versuch der »radicalen Abstraction« immerhin gemacht wurde, noch sind seine Ergebnisse charakteristisch – etwa die Bauakademie oder der Leuchtturm

11 Schinkel, Nachlaß, p. 374

von Arcona, mit denen Schinkel seiner Zeit so weit voraus war, daß er unverstanden blieb und keine Nachfolge fand; bezeichnend ist vielmehr, daß er sein von uns rückblickend als bahnbrechend empfundenes Vorgehen als »Fehler« bezeichnet. – Deutlicher zeigt Schinkel sich seiner Zeit verhaftet als Verfasser der »Vorbilder für Fabrikate und Handwerker«, die ohne Rücksicht auf das Material, aus dem sie hergestellt werden sollten, entstanden. Diese Vorlageblätter sind in der Mehrzahl von Schinkel selbst entworfen und von vollendeter Schönheit der Zeichnung. Es sind phantasievolle Erfindungen auf dem Papier, geistreiche Atelierprodukte, nicht aber Ergebnisse handfester Werkstattversuche. Und es ist charakteristisch, daß dem Fabrikanten ernsthaft angeraten wird, sich nicht etwa zu eigenem Komponieren verleiten zu lassen, sondern »fleißig, getreu und mit Geschmack nachzuahmen«[12]. Auch an der Einführung und Verbreitung der Zinkindustrie, die es ermöglicht, jede denkbare Form ohne Rücksicht auf ihre ursprüngliche Materialbezogenheit in Zinkguß herzustellen, hat Schinkel großen Anteil, indem er in einem Gutachten als königlich preußischer Oberbaudirektor dem Erfinder Geiß die Vorteile seiner Erfindung für die Architektur und die Ornamentik bestätigt und indem er den Zinkguß als billiges Mittel zur Herstellung reich verzierter Architektur- und Möbelstücke nachdrücklich zur praktischen Anwendung empfiehlt. Vor Schinkel – für Winckelmann etwa – hatte das Material ohnehin nur mechanische Bedeutung, ausschließlich als Formträger, der zwar das Erscheinungsbild äußerlich beeinflußt, etwa weil Marmor und Bronze schon farblich unterschieden sind, der aber keineswegs als formbildendes Element wirkte.[13] Auch Bötticher erklärte in seinem damals weitverbreiteten

12 Behrendt, Kampf um den Stil, p. 25
13 Vgl. Sörgel, l.c., Hist. Teil

Standardwerk »Die Tektonik der Hellenen« jede Form für ideell entstanden und auf jedes Material übertragbar.[14]

Im Barock und Rokoko noch war die Kunstform »als ein natürliches Gewächs verfeinerter handwerklicher Übung«[15] entstanden, wobei sich der Zusammenhang zwischen Material und Form auf selbstverständliche Weise ergab. Durch die Theorien Winckelmanns, Böttichers und anderer und durch eine Praxis, die im Einklang mit diesen Theorien stand und in dem Zinkguß gipfelte, wurde dieser Zusammenhang aufgelöst.

Die Problematik eines Versuchs, von der angedeuteten Situation zu Anfang des 19. Jahrhunderts ausgehend, eine Entwicklung zu schildern, die schließlich bei der »Strukturform«-Ästhetik Siegel'scher Prägung endet, liegt auf der Hand. Keine der Strömungen in der Baugeschichte des letzten Jahrhunderts könnte als direkte Vorläuferin der modernen Ästhetik bezeichnet werden; aber jede der Architekturbewegungen von der Neogotik über die Semper'sche Schule bis zum Jugendstil hat auf andere Weise, untereinander oder gegeneinander, im praktischen oder theoretischen Bereich, eine Reihe von Folgerungen und Konsequenzen ermöglicht oder nahegelegt, die zusammengenommen zur modernen Theorie geführt haben, ohne daß diese Theorie in der Zielrichtung der einzelnen Bewegungen gelegen hätte.

Hinzu kommt, daß die Ästhetik der »konstruktiven Ehrlichkeit« auch heute keine allgemein anerkannte und gültig gefundene Maxime ist. Da sie aber ein Standpunkt ist, der sich sinnvoll beziehen läßt, mag sie in ihrer historischen Bedingtheit geschildert werden,

14 Vgl. Sörgel, l.c., Hist. Teil
15 Behrendt, l.c., p. 23

wobei die Frage nach Sinn und Geltungsbereich zunächst ausgeklammert sein soll (– obwohl das Wissen um die geschichtliche Gewordenheit eines Kriteriums dieses implizit seines absoluten Anspruchs beraubt –).

Aus Schopenhauers »Zur Ästhetik der Architektur« wird fast ausschließlich die letzte und lähmende Folgerung zitiert, daß die Architektur, »soweit sie schöne Kunst ist, schon seit der besten griechischen Zeit im Wesentlichen vollendet und abgeschlossen ... ist«[16], und daß dem modernen Architekten nur Nachahmung oder Verschlechterung bleibe (Wölfflin, Schumacher). Der für uns interessante Ansatz Schopenhauers, der von dem »einzigen beständigen Thema« der Architektur – »Stütze und Last« – ausgehend, zu dem Schluß kommt, die ästhetische Wirkung »tritt erst durch Sonderung (von Stütze und Last) ein und fällt dem Grade derselben gemäß aus«[17], wird übergangen. Dies meint ganz in unserem Sinne, daß gut bauen heißt, den Kraftverlauf möglichst deutlich darzustellen und ist für uns nur insofern zu eng gefaßt, als nicht die Möglichkeit eingeräumt wird, daß andere Konstruktionen als Säule und Gebälk, etwa auch der Bogen oder das Hängewerk, gleich deutlich einen Kraftverlauf ausdrücken können und jede Konstruktion in ihrer Weise gleich ausdrucksvoll gestaltet werden kann; Säule und Gebälk wird als die am leichtesten faßliche Form bezeichnet, der darum jedenfalls der Vorrang gebühre. – Wenn die ästhetische Schlußfolgerung und die Maxime, »die Alten nachzuahmen«, auch kaum als befreiend bezeichnet werden können, so bietet doch die Grundeinstellung Ansatz zu Überlegungen, die von der Konstruktionssymbolik und der Proportion als letztem Regulativ in der Baukunst wegführen.

16 Schopenhauer, Die Welt als Wille und Vorstellung, 2. Bd., p. 474
17 Schopenhauer, l.c., p. 468

Auch Hegel argumentiert modern in unserem Sinne gegen die Konstruktionssymbolik und für eine Trennung von tragenden Gliedern von konstruktiv passiven und raumabschließenden Teilen, wenn er Halbsäulen »schlechthin widerlich« nennt, »weil dadurch zweierlei entgegengesetzte Zwecke ohne innere Notwendigkeit nebeneinanderstehen und sich miteinander vermischen«[18]. Und geradezu Semper'sche Gedankengänge klingen an, wenn er sagt, »die architektonischen Grundformen ... stehen wesentlich mit dem äußeren Material in Zusammenhang«[19]. – Nicht daß Schopenhauer und Hegel zu »Konstruktivsten« uminterpretiert werden sollen – die Hauptwirkung auf die Zeitgenossen ging sicher von den restaurativen Schlußfolgerungen aus –, aber die Tatsache, daß der Ausgangspunkt ihrer Überlegungen das Verhältnis von Stütze und Last, von konstruktiver Säule und raumabschließender Wand war, ist als Umstand auch dann interessant, wenn zunächst keine weiteren Folgerungen daraus gezogen wurden.

Stärker in den Vordergrund traten konstruktiv-formale Gedankengänge erst um die Mitte des 19. Jahrhunderts, als in der Gotik nicht mehr ausschließlich der bizarre Ausdruck mittelalterlicher Gefühlswelt gesehen wurde, als der sie für die Romantik bedeutsam gewesen war. Mit der fortschreitenden archäologisch-exakten Kenntnis ihrer Formen und in dem Maße, in dem die Logik gotisch-konstruktiver Gefüge an Hand von Aufnahmen und Musterbüchern begriffen wurde, bekam die Gotik als konstruktives Vorbild Gewicht. Ungewitter begründet den Rückgriff auf gotische Formen mit dem Argument: »Sie (die Gotik) gestaltet sich ... für jeden Einzeltheil als die seinem structiven Zweck angemessenste Form.«[20]

18 Hegel, Ästhetik, p. 524
19 Hegel, l.c., p. 592
20 Ungewitter, Lehrbuch der gothischen Constructionen, p. IV

Wie scharf sich die konstruktiv inspirierte Neogotik von der romantischen Gotik absetzt, wird bei Reichensperger deutlich, der die Gotik der Romantiker als Pseudogotik schmäht und nur die archäologisch getreue Nachbildung gelten läßt:

»Dem Aufleben der ächten Gotik steht in der That kaum etwas Anderes hindernder im Wege, als die falsche, welche durch Nachäffung von Äußerlichkeiten der ächten auf die Masse der Nichtkenner spekuliert.«[21]

Wie stark sich die historisierende Neogotik zu jeder anderen Baukunst der Zeit im Gegensatz sieht und wie wichtig Konstruktion und Material jetzt werden, lesen wir wenig später in derselben Schrift: »Da die Academien, um den Anforderungen der modernen ›Cultur‹ gerecht zu werden, meist ›Wissenschaftlicheres‹ und zwar in möglichst großen Quantitäten, beizubringen haben, als die Kunst zu bauen, so verstehen sich die nach zurückgelegtem Cursus durchexaminierten Architekten nicht auf das Vorkragen, den Fugenschnitt und der gleichen technische Dinge mehr; sie wissen sich aber zu helfen, indem sie den Vorsprung auf Eisenschienen stützen, welche mit lehmgesättigtem Stroh umwickelt und mit gebackenen mittels Oelfarbe zu Haustein angestrichenen Futteralen umhüllt werden. Und das Publikum beruhigt sich zugleich mit dem ›Meister‹, weil das Elaborat ja ›genau so aussähe‹, wie ein gothisches aus natürlichem Stein!«[22] In der Einleitung zu einer Sammlung gotischer Vorlageblätter wird die Architektur der Jahrhundertmitte analysiert und als das Grundübel die Ansicht bezeichnet: »... daß die Formgebung von einem Materiale auf jedes beliebige andere ohne Weiteres übertragen werden könne. Diese Ansicht

---

21 Reichensperger, Pugin, p. 25
22 Reichensperger, l. c., p. 71

rührt wohl hauptsächlich daher, daß unsere Künstler sich so sehr daran gewöhnt haben, nur für das Papier zu denken, zu entwerfen und zu zeichnen. Anderen Falles wäre es kaum möglich, die in der That fast handgreifliche Wahrheit zu übersehen, daß der Stoff auf die Art der Formgebung den wesentlichsten Einfluß zu üben hat und daß ein jeder seine besonderen Bedingungen darbietet, der Stein, das Holz, das Metall. Ja selbst die verschiedenen Gattungen eines solchen Materials erfordern eine verschiedene Behandlung: der Backstein muß seine besondere Natur gegenüber dem Haustein auf jedem Schritt sozusagen geltend machen, von der Conception des Planes an –bis zum unscheinbarsten Detail und Profile hin, wie solches auch bei allen Bauten aus der guten Zeit wirklich der Fall ist. Der schönste Altaraufsatz aus Steinwerk würde geradezu ins Häßliche umschlagen, wenn man ihn in Holz kopieren wollte; selbst Eisen und Messing sind verschiedenartig zu behandeln. Daß die Verehrer der Steinpappen und des Gußeisens für alle solche Unterscheidungen stumpf geworden sind, ist nicht zu verwundern ...«[23]

Das einzige, was uns heute an diesen Ausführungen verdächtig sein kann, ist die Verketzerung neuer Materialien, des Gußeisens, der Steinpappe und anderer. Daß sich die neue Gesinnung so selbstverständlich mit historischen Formvorstellungen verband, nimmt wunder; der Versuch, die gleichen auf den Zusammenhang von Material und Struktur bezogenen Gedankengänge, die man an der Gotik nachvollzog, auf neue Materialien und die veränderte technische Situation zu übertragen, scheint uns zu naheliegend, als daß er übersehen werden könnte. Daß er einer späteren Zeit vorbehalten blieb, darf uns nicht verkennen lassen, daß gerade der uns heute wegen seines zumeist unschöpferischen

23 Reichensperger, »Gothisches Musterbuch«, Vorwort, p. 10

Kopierens nicht sonderlich nahestehende Historismus Kategorien in das Denken miteinbezog, die bis heute für die Ästhetik bestimmend blieben.

»Die dekorative Einstellung des Architekten in der Verfallsperiode des 19. Jahrhunderts brachte eine klägliche Mißachtung der Konstruktion mit sich ... Eine gewisse Reinigung brachte erst wieder die neugotische Schule ... Hier erwachte wieder die Achtung vor der baulichen Struktur, hier begann die Ableitung der künstlerischen Form aus der konstruktiven Notwendigkeit.« [24]

Die neue Gesinnung war nicht auf Deutschland beschränkt; sie wurde in Frankreich durch Viollet le Duc, in Holland durch Cuijpers vertreten. Oud sieht darin den Beginn eines Rationalismus, an den später Berlage angeknüpft hat und letzterer bescheinigt der mittelalterlichen Kunst als Vorschule der Moderne unschätzbaren Wert.[25] In England greift William Morris auf gotische Formen und konstruktive Prinzipien zurück.

»Daß die Formgebung der Morrisschule der gotischen Kunstwelt entlehnt war, verschlägt gegenüber dem praktischen Nutzen solcher wirksamen Vorarbeit recht wenig. Denn es war zunächst unerläßlich, das Wesen der Form, ihr Verhältnis zum Material zu klären, ihre technische Bedingtheit zu erläutern und auf diese Weise den Sinn für Werkstattmäßigkeit und sachliche Ausführung wieder zu wecken. Zu einer Zeit, wo die Technik ebenso einseitig überschätzt wurde wie die Geschichte, wo beide nur als reine Wissenschaften, um ihrer selbst willen, gepflegt wurden, mußten die aus der gotischen Kunst abgeleiteten Begriffe von der Logik der

24 Platz, l.c., p. 99
25 Berlage, l.c., p. 39

Konstruktionen, von der Echtheit der Baustoffe und der Schönheit der Zweckmäßigkeit fast die Bedeutung eines Programmes gewinnen. Sie sind in der Tat das Losungswort für alle kommenden Stilbildungsversuche der modernen Bewegung geworden.« [26]

Daß der Rückgriff auf gotische Konstruktionen nicht notwendig Reproduktion und sklavische Nachahmung bedeuten mußte, bewies wenig später Gaudí mit seinen Bauten in Barcelona. Nicht daß er die abstrakte These, die man aus der Gotik ableiten konnte, auf neue Materialien übertrug; er war einmal der katalanischen Handwerkstradition sehr verbunden, zum anderen auch durch die wirtschaftlichen und technischen Gegebenheiten seiner spanischen Umgebung gezwungen, sich vorwiegend herkömmlich handwerklicher Methoden zur Realisierung seiner Projekte zu bedienen, so daß wir moderne Materialien nur selten von ihm verwandt finden – Stahl vorwiegend dekorativ, Stahlbeton nur untergeordnet. Er beweist jedoch, daß es möglich ist, allein durch die Anwendung moderner statischer Grundüberlegungen (er bedient sich der graphischen Statik und statischer Modelle, die uns in anderem Zusammenhang noch interessieren werden) aus der Gotik einen originalen konstruktiv bestimmten Stil zu entwickeln. Die Gotik bot ihm einen Ansatzpunkt zu weitergehenden Überlegungen, weil er in ihr kein nachahmenswertes Ideal sah, sondern im Gegenteil das gotische System und seine Formen als unbefriedigend und entwicklungsbedürftig empfand. Sein Ausgangspunkt war, »daß die Erbauer gotischer Kathedralen keine befriedigende Lösung für das Problem der Ableitung des Gewölbedrucks gefunden hatten«. Er sah Strebebogen als eine »bequeme und phantasielose Hilfskonstruktion an ...« [27]

26 Behrendt, l.c., p. 39
27 Sebceney und Sert, Gaudí, p. 66

Gaudí löste das Problem der Ableitung des Gewölbeschubs durch Schrägstellung der tragenden Säulen und Stützen, die – vielfach verästelt – der Last dort begegneten, wo sie am sinnvollsten abzutragen war, und dies in der Richtung taten, die in jedem Einzelfall die günstigste war. Daß dies zur Auflösung jedes historischen Formenkanons führte, liegt auf der Hand. Einer Zeit, der bisher nur die senkrechte Stütze als tragendes Glied begegnet war und die nicht gewohnt und nicht gewillt war, das Grundproblem in der direkten Lastableitung zu sehen, sondern dies Problem prinzipiell aufgelöst hatte in zwei Teilprobleme, erstens in die Vertikalisierung des Schubes durch Hilfskonstruktionen – durch Strebebögen in der Neogotik, durch versteckte Zugglieder in der Neorenaissance – und zweitens dann in die senkrechte Ableitung dieser Kräfte, mußte eine schräggestellte Säule Ausdruck baukünstlerischer Disziplinlosigkeit sein. Es nimmt nicht wunder, wenn Gaudís Mittel und Formen in ihrem konstruktiven Sinn nicht erkannt wurden. Zum Teil mag zu diesem Mißverständnis seine Vorliebe für organoide Formen beigetragen haben – für Formungen, denen irgendwelche Natur- und Landschaftsanalogien zu Grunde lagen und die die logische Struktur seiner Bauten zwar nie beeinträchtigten, aber doch camouflieren konnten. Heute darf nichts darüber hinwegtäuschen, daß Gaudí einer der ersten war, bei denen sich »konstruktive Ehrlichkeit« nicht mit historischen Formvorstellungen verband; er hat den Eklektizismus mit einer Unbefangenheit und Vorurteilslosigkeit überwunden, die umso erstaunlicher ist, wenn man sieht, zu welchen Ergebnissen der gleiche Ausgangspunkt, das Unbehagen an der Gotik, etwa bei Semper führt.

In seinem großangelegten Versuch einer »Praktischen Ästhetik« (»Der Stil in den technischen und tektonischen Künsten«) charakterisiert Semper die Gotik: »Der gotische Baustil hat die eine Hälfte des Problemes, die mechanische nämlich, durch die von außen gegen die Mauer gestützten Strebepfeiler und Schwibbögen nur zu rücksichtslos und hausbacken gelöst. Dagegen ist er die Lösung der ästhetischen Hälfte desselben schuldig geblieben; er läßt nicht nur das Auge unbefriedigt, dort wo der Seitenschub der Gewölberippen wahrnehmbar wird, nämlich in dem Innern der überwölbten Räume, wo die äußeren Gegenstreben nicht sichtbar sind und jedes unbefangene Auge sich durch deren Abwesenheit und das einseitige Wirken der Gewölberippen nach außen gegen einen Pfeiler, dessen Stärke innerlich ungesehen bleibt, der scheinbar zu schwach ist, geängstigt fühlen muß; er verletzt das ästhetische Gefühl auch äußerlich durch übermächtiges rein technisches Pfeiler- und Schwibbogenwerk, das gegen etwas wirkt, was äußerlich gar nicht gesehen wird und in formaler Beziehung daher auch gar nicht existiert. Denn das ästhetische Auge trägt zwar räumliche Eindrücke mit Leichtigkeit über von früher zu nachher Gesehenem, aber statische Ergänzungen des Gesamteindrucks durch noch nicht oder nicht mehr gesehenes Gegenwirken von Massen sind nicht statthaft.«[28]

Überrascht stellt man bei Semper die gleichen Vorbehalte der Gotik gegenüber fest, die schon für Gaudí charakteristisch waren; doch während der Katalane eben in seinen Vorbehalten den Ansatzpunkt findet, »die Gotik konstruktiv weiter zu entwickeln« und damit zu neuen und originalen Ergebnissen kommt, macht Semper den Sprung in die Konstruktionssymbolik. Er findet alle Probleme, die die Gotik offen läßt, in der römischen Klassik und in der Renaissance befriedigend gelöst, ohne daran Anstoß zu nehmen, daß die Lösungsmethode eine prinzipiell andere war, ohne den Unterschied zwischen »primären« und »sekundären« Stil zu machen. Seine so einleuchtenden Versuche, alle Form erstens »als Resultat

---

28 Semper, Stil, Bd. 1, p. 508

des materiellen Dienstes oder Gebrauches, der bezweckt wird«, und zweitens »als Resultat des Stoffes, der bei der Produktion benutzt wird, sowie der Werkzeuge und Prozeduren, die dabei in Anwendung kommen«[29] zu erklären, werden nicht unternommen, um schließlich durch Übertragung auf neue Materialien und Produktionstechniken Rückschlüsse auf neue sinnvolle Formen zu ermöglichen, sondern um den bekannten historischen Formenschatz in seiner Bedeutung zu klären und damit eine sinnvolle Verwendung – als Symbol im richtigen Zusammenhang – zu ermöglichen, zumindest zu erleichtern. Seine Grundeinstellung war konservativ; er fand den »Stoff der Idee dienstbar und keineswegs für das sinnliche Hervortreten der letzteren in der Erscheinungswelt allein maßgebend ...«[30], und neue Materialien waren für ihn ebenso wenig interessant, wie für die Neogotik; in Metallkonstruktionen etwa sah er nur einen »mageren Boden für die Kunst«[31].

Semper kämpfte nicht für einen neuen Stil, nicht für die Entwicklung neuer Formen aus neuen Gegebenheiten, sondern gegen den Mißbrauch der alten, die oftmals in ihrer konstruktiven Symbolik verkannt und willkürlich gebraucht wurden. Nichtsdestoweniger hat er durch seine Theorie von der Beziehung zwischen Material, Herstellungstechnik und Form, die so geschlossen noch nicht vorgetragen worden war, auch wenn sie bei ihm noch mit dem historischen Ideal verbunden war, wesentlich zur Überwindung der Konstruktionssymbolik beigetragen, die für ihn noch die einzige Gestaltungsmöglichkeit war.

Wie sich die verschiedenen Strömungen des 19. Jahrhunderts in der geistigen Haltung eines Architekten der Jahrhundertwende

29 Semper, l.c., 1.Hauptstück, p. 8
30 Semper, l.c., p. XV
31 Semper, l.c., Bd. 2, p. 263

spiegeln, wird an dem Holländer Berlage deutlich. In der Praxis wird für ihn die Werk- und Materialgerechtigkeit der Neogotiker bestimmend; »die ehrliche Konstruktion in vereinfachter Form« (vereinfacht gegenüber dem diffizilen Formenapparat der Gotik) ist für ihn »das vorläufig richtige Prinzip«[32]. In seinen Schriften heißt es: »Es wird Ihnen klar sein, daß, und davon bin ich überzeugt, nur die Richtung Wert für die Zukunft haben kann, die nach jenem Prinzip, nach dem Prinzip der ehrlichen einfachen Konstruktion am saubersten, d.h. am gewissenhaftesten arbeitet ... Daher war die klassische Kunst, resp. die italienische Renaissance, oder die ganze Neo-Renaissancebewegung um die Mitte des vorigen Jahrhunderts nur von vorübergehendem Wert. Die Neubelebung einer Kunst, welche selber schon nicht prinzipiell konstruktiv war und daher sehr bald in eine rein dekorative Richtung verfiel, war von vornherein bedenklich ..., aber eben deswegen ist die neben ihr schreitende neo-mittelalterliche Bewegung prinzipiell als Vorschule für die moderne Kunst die befruchtende gewesen ...«[33]

Theoretisch richtet er sich hingegen an Semper aus, dem er nur eins vorzuwerfen hat: »Hätte Semper, der in seinem ›Stil‹ Dinge von unsterblichem Wert gesagt hat, nur die Folgerichtigkeit in die Architektur gezogen!«[34]

Schumacher hat den Gegensatz zwischen den gestalterischen Zielen und der historischen Wirksamkeit der Semper'schen Theorie auf einen kurzen Nenner gebracht: einmal verteidigt er Semper gegen den »Vorwurf« des rationalistischen Materialismus, weil bei Semper die Theorie nicht zur Entwicklung neuer, sondern zur Interpretation alter Formen diente, zum anderen weist er darauf hin,

32 Berlage, l.c., p. 39 ff.
33 Berlage, l.c., p. 39 ff.
34 Berlage, l.c., p. 83

daß jede spätere Theorie auf Semper zurückgreift; daß überall dort, wo man an der Formulierung ästhetischer Kriterien und künstlerischer Leitsätze arbeitet, nicht auf Sempers genetische Ästhetik verzichtet werden kann; daß sie überall dort hineinspiele, wo man in dieser Hinsicht festen Grund zu finden bemüht sei und daß gar eine »neue rationalistische Richtung« an sie anknüpfe, ihre Tendenzen ins Extrem entwickle und so schließlich zu dem Grundsatz komme, Schönheit ist Zweckmäßigkeit.[35]

Otto Wagner ist ein Vertreter dieser neuen rationalistischen Richtung. Für ihn hat Semper »nicht den Muth, seine Theorien nach oben und unten zu vollenden und hat sich mit einer Symbolik der Construction beholfen, statt die Construction selbst als die Urzelle der Baukunst zu bezeichnen«[36]. Er verkennt dabei zwar, daß das entscheidende Hemmnis für Semper nicht der Mangel an Mut, sondern eine retrospektive Grundeinstellung war, aber er »vollendet« die Semper'schen Theorien in unserem Sinne. »Immer also ist es ein constructiver Grund, der die Formen beeinflußt und es kann daher mit Sicherheit gefolgt werden, daß neue Constructionen auch neue Formen gebären müssen«[37].

Der Jugendstil erhob diese Erkenntnis zum Programm: »Der vollkommen nützliche Gegenstand, der nach dem Prinzip einer rationellen und folgerichtigen Konstruktion geschaffen wurde, erfüllt die erste Bedingung der Schönheit, erfüllt die eine unentbehrliche Schönheit«[38], zu einem Programm, dem wir auch heute nichts hinzuzufügen haben. Da gleichzeitig unvoreingenommen mit neuen Baumaterialien gearbeitet wird und neue Techniken propagiert

35 Vgl. Schumacher, Dt. Baukunst seit 1800, p. 137
36 Wagner, Moderne Architekten, p. 58
37 Wagner, l.c., p. 57
38 Van de Velde, zitiert bei Schumacher, l.c., p. 107

werden, scheinen wir auf einer Entwicklungsstufe angelangt, die sich von der, die heute durch Nervi oder Siegel etwa markiert wird, nur graduell, keineswegs prinzipiell unterscheidet. Die Annahme wäre richtig, und wir könnten die Darstellung hier abschließen, wenn die Praxis des Jugendstils die Erfüllung seiner Theorie gewesen wäre und wir nicht bei näherer Betrachtung – etwa der Werke van de Veldes – mit Berlage konstatieren müßten, daß das Prinzip der einfachen ehrlichen Konstruktion zwar für alle Künstler der Zeit verbindlich zu sein scheint, daß man sich allgemein darauf beruft. Bei eingehender Betrachtung der Werke ist aber allzu bald festzustellen, »daß dieses Prinzip bei den meisten entweder nur in Worten besteht, oder schlecht interpretiert wird«[39].

Dem Jugendstil war die nur aus der sachlichen Gegebenheit entwickelte Konstruktions- und Materialform nicht genug. »Eine Linie ist eine Kraft«, war der Kampfruf, von dem ausgehend die Formen zum abstrakt expressionistischen Symbol – zwar im Gegensatz zum historisch bestimmten, dem wir bisher begegneten – , aber doch zum Symbol gesteigert wurden. Osthaus schreibt aus der persönlichen Kenntnis van de Veldes und anläßlich konstruktionsformaler Unstimmigkeiten bei der Betrachtung des Folkwangmuseums: »Man wird auch in späteren Arbeiten des Künstlers nicht selten derartige Ungereimtheiten finden. Sie beweisen aber nur, daß seine viel berufene Theorie der Zweckmäßigkeit keine materielle Auslegung verträgt, sondern aus der Idee des ästhetischen Scheins erklärt werden muß ... So erklären sich Zusammenhänge, die aus Zweck und Material niemals zu begreifen sind. Pfeiler steigen aus Schränken, Schränke verkleiden Heizkörper und Marmorsockel stehen auf Parkettboden.«[40]

39 Berlage, l.c., p. 39
40 Osthaus, Van de Velde, p. 24

Zur Verdeutlichung mag die folgende Analyse van de Veldescher Möbel dienen: »Die Stühle sind schmucklos, kein Dekor verbirgt die Konstruktion ... deutlich kündigt sich in ihnen bereits die für van de Velde später so charakteristische Neigung an, die Funktion der konstruktiven Elemente, ihre Energien und Spannungen sichtbar zum Ausdruck zu bringen. Die griffig und standfest am Boden haftenden Stuhlbeine scheinen in energisch gespannter Kurve den Sitz gleichsam emporzuheben, und die federnde Kraft der stützenden Lehne wird sichtbar in den empor steigenden, nach oben sich verjüngenden Streben, die in einem horizontalen die Schultern bergenden Bogen enden ... Vergleicht man den Schreibtisch mit den vier Jahre früher entstandenen Stühlen, so erkennt man, daß die Linie eine selbständige Ausdruckskraft gewonnen hat, die nicht mehr allein vom Gegenstande und seiner Konstruktion, von seinem Sinn und Zweck abhängt. Im Gegenteil: sie hat ihrerseits begonnen, die Konstruktion zu beeinflussen. Da die Linie ›ihre Kraft der Energie dessen, der sie gezogen hat, entlehnt‹, ist hier also der Formwille des Künstlers die eigentlich wirkende Kraft. Er durchkreuzt die rationale Absicht streng ›logischer‹ Gestaltung und bringt Formen hervor, die nicht im Wesen des Gegenstandes und seiner Konstruktion, sondern im Wesen des Künstlers begründet sind.«[41] (Abb. 1 u. 2)

Auch Schumacher erkannte in der »abstrakten Linie« das eigentliche »Leitmotiv«[42] bei van de Velde und meint, daß vor allem, weil van de Velde für seine Möbel oft sehr eigenwillig gesuchte, verzwickte und komplizierte Konstruktionen ersann, das Linienspiel des Ornaments sehr einheitlich mit dem der Konstruktion zusammenging, so daß die ornamentalen Zutaten wie Ausflüsse

---

41 Fischer, Bau Raum Gerät, p. 42 u. 44
42 Schumacher, l.c., p. 107

Abb. 1

Abb. 2

der Konstruktion wirken konnten und über ihren Charakter als Selbstzweck hinwegtäuschten.

Es ist charakteristisch, daß die gefühlvolle Geschwungenheit aller Linien auf kein Material Rücksicht nahm, daß Buchornament, Messingleuchter und Möbel in gleicher Weise geformt oder verformt wurden. Besonders bei der Gestaltung von Möbeln wurden erhebliche Opfer an Konstruktions- und Materialrücksichten gebracht. Denn die ausgeprägteste Eigenschaft des Holzes, die Faserung in einer bestimmten Richtung, kommt dem Streben nach geschwungenen Linien nicht eben entgegen. Wenn die moderne Technik auch in der Lage war, jede sich aus diesem Widerspruch ergebende Konstruktionsschwierigkeit zu überwinden, »bewegte sich doch diese ganze Tischlerei in gewissen gekünstelten Verhältnissen«[43]. Von einer Beziehung zwischen Form und Material in dem Sinn, wie sie die Neogotiker gefordert hatten, kann kaum die Rede sein.

Wenn die Praxis des Jugendstils so oft für die Erfüllung seiner theoretischen Forderungen gehalten wurde, so mag das einmal durch das Temperament und den absoluten Anspruch, mit denen etwa van de Velde seine Maximen vertrat, erklärt sein; zum anderen wurde das Mißverständnis möglich und gefördert, weil van de Velde einer solchen Sicht punkthaft echte Argumente lieferte – wenn er etwa in übertriebener Materialgerechtigkeit gegen die Verwendung von Sperrholz polemisierte oder als besonders »ehrlich und logisch« posierte, indem er in einem Berliner Frisiersalon alle technischen Zuleitungen und Installationen offen zeigte. Wenn uns heute die »konstruktive Ehrlichkeit« van de Veldes auch verdächtig scheint, soll nicht seine historische Wirksamkeit bezweifelt werden. Die abstrakte Ornamentik führte nach einiger Zeit

43 Muthesius, Stilarchitektur und Baukunst, p. 59

nicht nur sich selbst ad absurdum, sondern das Ornament an sich und damit jede historische Form; und der mutige Gebrauch neuer Materialien und Techniken, selbst wenn er formal-expressionistischen Zielen untergeordnet war, ist eine Tat, die sich nicht wieder rückgängig machen ließ. »Den Mut, das entliehene ›Stilkleid‹ auszuziehen, hat ... zu nicht geringen Teilen die antihistorische Bewegung gegeben, das Material oder die Stellung der Aufgabe hätten offenbar nicht dazu genügt ...«[44]

Es mag bei der bisherigen Schilderung der Entwicklung der Eindruck entstanden sein, daß die Überwindung des Eklektizismus ausschließlich das Werk aktiver Neuerer gewesen sei. Die akademisch-traditionelle Architekturschule hatte zumindest insofern an der Entwicklung teil und beschleunigte sie, als sie sich aus sich heraus überlebte. Dadurch, daß das Eisen, wenn schon nicht als »künstlerischer Baustoff« anerkannt, so doch zu Hilfskonstruktionen benutzt wurde, fiel jedes konstruktive Regulativ fort, das bisher zu »einigermaßen harmonischer« Ausbildung der Proportionen und zu irgendeiner sinnvollen Relation zwischen Säule und Gebälk, zwischen Pfeiler und Bogen gezwungen hatte. Es war möglich – und es wurde zur gängigen Praxis –, die Verhältnisse der Bauglieder zueinander mittels moderner Hilfskonstruktionen so willkürlich und zufällig auszubilden, daß notwendig der Bezug zwischen den verschiedenen symbolischen Baugliedern verloren gehen mußte und die Auflösung des Formenkanons aus sich heraus die Folge war. Auch der Versuch, an verschiedenen für die neue Zeit kennzeichnenden Bauwerken – etwa an amerikanischen Hochhäusern – nachzuweisen, daß historisierende Formgebung auch hier angemessen sei, schlug notwendig ins Gegenteil um. Die Pilasterordnungen zwanzig Stockwerke über der Erde sprachen so

---

44 Ahlers-Hestermann, Stilwende, p. 92

deutlich gegen sich selbst, waren so evident sinnlos, daß es etwa für Burnham und Root beim Bau des Monadnock-Hochhauses in Chicago 1891 gar nicht des Anstoßes durch eine moderne Konstruktion bedurfte, sondern daß sie einfach die Dimensionen der Bauaufgabe und das anschauliche Beispiel historistisch gestalteter Wolkenkratzer zum Verzicht auf jede Symbolform und zu moderner Schlichtheit zwangen:

»Diese Schöpfung zeigt weder Richardson'sche Formen, noch ist hier ein Stahlskelett verwandt. Es ist der letzte der großen Steintürme, aber in der kompromißlosen Ablehnung, seine klaren Linien durch Profile oder irgendwelches Ornament abzuschwächen, gehört es schon ganz und gar dem neuen Zeitalter an.«[45]

Die Tatsache, daß im Rahmen dieser Untersuchung formal konstruktive Kriterien im Vordergrund stehen, ist selbstverständlich nur durch das Thema bedingt und nicht etwa ein Zeichen dafür, daß sich die Entwicklung zur Moderne vorwiegend oder gar ausschließlich auf konstruktivem Sektor abgespielt hat; ein solcher Eindruck ließe sich zudem leicht an wenigen kennzeichnenden Beispielen korrigieren: Die Fassaden des Sullivan'schen Wainwright-Gebäudes in St. Louis (1890–91) etwa, eines frühen Beispiels moderner Rasterarchitektur, stellen »in keiner Weise seine Konstruktion in ihrer Ganzheit dar. Die Mauerwerksstreifen an den Ecken sind noch breiter als die anderen Pfosten, und alle Pfosten zeigen die gleiche Weite, obwohl nur jede zweite von ihnen einer Stahlstütze entspricht …« Trotzdem hat Sullivan begriffen, daß das Stahlgerüst Fassaden erfordert, die im wesentlichen auf einer durchgehenden Maßeinheit beruhen oder, wie er es ausdrückt, daß für uns »der Schlüssel die einzelne Zelle sein muß, die ein Fenster

---

45 Pevsner, Wegbereiter, p. 84

erfordert, mit einem trennenden Pfeiler und mit Schwelle und Sturz, und daß wir sie dann, ohne jede weitere Zutat, alle gleich aussehen lassen müssen, weil alle gleich sind.«[46] Es haben also zur Entstehung dieses Rasters und des Rasters überhaupt mindestens in gleichem Maße funktionelle Überlegungen (Anhäufung von variablen zellenartigen Räumen, deren deutlichster Ausdruck das Raster ist) beigetragen wie konstruktiv-gestalterische Gründe (Raster als allgemeiner Ausdruck modularer Konstruktion ohne dem Skelett im einzelnen zu folgen). Peter Behrens kommt trotz konventioneller Konstruktion bei seinem Mannesmann-Haus in Düsseldorf zu skelettartiger Pfeilerstellung, die er rein funktionell begründet aus dem Zellencharakter der Verwaltung und der Notwendigkeit verschiebbarer Trennwände.[47] Und Alfred Messels Wertheim-Kaufhaus in Berlin mit seiner in wenige durchgehende tragende Pfeiler aufgelösten Fassade ist ebenso sehr Ergebnis des funktionellen Bemühens um gute Beleuchtung und große Auslageflächen wie Ausdruck der neuen konstruktiven Möglichkeiten.

In der Darstellung bis zu diesem Punkt ist versucht worden, die moderne Strukturästhetik, wie sie etwa Nervi vertritt, aus den verschiedenen Strömungen des 19. Jahrhunderts abzuleiten. Da nur die Haupteinflüsse aufgezeigt worden sind, wird ein abschließender Hinweis nötig, vor allem auf alle Einflüsse, Argumente und Strömungen, die sich nicht ohne weiteres in die Darstellung einbeziehen ließen, etwa weil sie einem anderen zeitlichen oder örtlichen Bereich angehören; Einflüsse, die aber trotzdem, nachdem sie lange ignoriert worden waren, weil die Zeitgenossen nicht fähig und nicht willens waren, sie aufzunehmen und weiterzuentwickeln, plötzlich aktuell wurden und die Entwicklung förderten,

---

46 Pevsner, l.c., p. 83
47 Behrens, Über die Beziehungen der künstlerischen und technischen Probleme, p. 16

wenn ein neuer Zusammenhang entstand, in den sie sich einpaßten. Teile des Schinkel'schen Gedankenguts gehören hierher; aber auch die französische Revolutionsarchitektur und Ledoux, an dessen Bauten Emil Kaufmann Züge nachweist, die wir an anderen Orten erst sehr viel später erkannten.

Daß von Ledoux aus gewandeltem tektonischen Fühlen heraus nach Möglichkeit alle Formen vermieden wurden, die sich von der elementaren Geometrie entfernen, daß die Bindungen durch Simse, Pilaster und Säulen der großen Ordnung Palladios als scheinbar erkannt wurden, ist um so erstaunlicher, als für Ledoux' Zeitgenossen die barocken Bindungen im Staat wie in der Kunst noch selbstverständlich waren. Die Erkenntnis, daß die Fiktion der Verschmelzung des Steinmaterials unnatürlich sei, weil es kraft seiner Eigenart nur aneinandergefügt werden kann, daß man endlich die Eigengesetzlichkeit des Stofflichen anerkennen müsse und mit der Umdeutung toter Materie in organische Gebilde, mit der ganzen barocken Allbeseelung aufhören müsse, klingt uns erstaunlich aktuell; für eine Zeit, die sich an die Stütze in Form einer Atlante, Karyatide oder Herme gewöhnt hatte, war sie revolutionär. Für Ledoux und die nachrevolutionäre Architektur war Bauen nicht Bilden, Stein wieder Stein – ein Material, dessen Beschaffenheit voll in der Erscheinung zur Geltung kommen sollte. Lange vor den ästhetischen Forderungen unserer Zeit finden wir Bauten mit Stützen in der Gestalt eines geradlinig begrenzten Pflocks und Entwürfe, die durch den Verzicht auf die Scheinbindungen und Symbolformen des Barock gekennzeichnet sind. Die Säulenschwellung als Ausdruck einer Kraftanstrengung am Bau schien schon damals überwunden.[48]

48 Vgl. Kaufmann, Von Ledoux bis Le Corbusier, p. 45 u. 46 und die vorausgegangene Analyse der Architektur-Entwürfe von Ledoux, Boullée, Lequeu, Durand, Dubut

»Konstruktive Ehrlichkeit« und sinnfällige Formgebung

Die Frage, die zuerst beantwortet werden müßte, wenn es darum geht, den Begriff der »konstruktiven Ehrlichkeit« in seiner Bedingtheit zu klären, ist, wie weit »konstruktive Ehrlichkeit« für die künstlerische Qualität eines Bauwerks wichtig ist, wie weit und in welcher Form sie in die ästhetische Würdigung eingeht und wann sie zum Selbstzweck und zur Ideologie wird. Dazu ist es notwendig, die ästhetische Funktion, die eine durchgeformte Konstruktion im Erscheinungsbild eines Bauwerks übernehmen kann, zu umreißen. Hierbei sollen einige Zitate von Architekten und Kritikern helfen.

»Die physikalischen Gesetze von Gleichgewicht und Widerstand des Materials, die dem menschlichen Fühlen an sich fremd sind, in solche Formen zu übersetzen, die Gefühl und intuitives Verstehen gleichermaßen ansprechen können«[49], ist eine von Nervi überlieferte Definition der Baukunst, die hier die Aufgabe einer von der Konstruktion inspirierten architektonischen Formgebung umreißen soll. Etwas Ähnliches meint Wölfflin, wenn er »den Gegensatz von Stoff und Formkraft, der die gesamte organische Welt bewegt«, als »das Grundthema der Architektur«[50] bezeichnet und in unserer eigenen sinnlichen Erfahrung von Druck- und Gegendruck die Voraussetzung für das Verständnis baulicher Form findet. »Wir sind am Boden zusammengesunken, wenn wir der niederziehenden Schwere des eigenen Körpers keine Kraft mehr entgegensetzen konnten, und darum wissen wir das stolze Glück einer Säule zu schätzen und begreifen den Drang alles Stoffes, am Boden formlos sich auszubreiten.«[51]

---

49 Nervi, Bauten und Projekte, Einleitung
50 Wölfflin, Prolegomena, p. 22
51 Wölfflin, l.c., p. 15

Die Aufgabe wäre also, für abstraktes Geschehen, für statisches Verhalten quasi bauliche Gleichnisse zu schaffen, es so in Bauform umzusetzen, daß es unmittelbar anschaulich und einleuchtend wird.

Es liegt auf der Hand, daß der klassische Formenkanon in seinen historisch bedingten Variationen dem Bemühen, den Kraftverlauf innerhalb einer Konstruktion nachzuspüren, besonders entgegenkommt. Torroja sagt von der klassischen Säule, ihr Schaft wird »von einer so weichen, wie wohldefinierten Kurve begleitet, als ob sie schon die ersten Schmerzen der Knickbeanspruchung vorausahne«[52] und Schumacher sieht die Quintessenz künstlerischer Gestaltung am Stein darin, »mit der Materie etwas vorzunehmen, was die Kraft ihrer materiellen Funktionen durchaus nicht zu verstärken braucht und doch die Kraft ihrer gefühlsmäßigen Funktionen erheblich steigert, ja manchmal überhaupt erst weckt. Alle architektonische Formgebung des Steins, die sich als geschwungenes Profil oder geschwellter Säulenschaft, als Kapitäl oder Konsole darstellt, besteht in nichts anderem als in dem verstandesmäßigen Widersinn, eine starre Materie so zu behandeln, als ob sie elastisch wäre.«[53]

Daß eine nach diesen Maximen gestaltete Form leicht begriffen wird, ist einzusehen; die Frage, die heute aktuell ist und die unterschiedlich beantwortet wird, ist, ob die »abstrakte Form«, die nur aus dem Material und der sachlichen Konstruktion entwickelt ist, der psychologischen Einfühlung ebenso direkt zugänglich sein kann, oder ob ihr Sinn durch den Intellekt aufgeschlossen werden muß.

52 Torroja, l.c., p. 254
53 Schumacher, Schöpferwille, p. 14 und 15

Bekanntlich ist der psychologische Eindruck einer nach welchen Grundsätzen und zu welcher Zeit auch immer gestalteten Form wesentlich durch die Dimension als einer abstrakten Eigenschaft dieser Form bestimmt. Balken und Stützen müssen zur Last dimensioniert sein. Sind sie es nicht, so wird entweder ein Unsicherheitsgefühl erzeugt oder der Eindruck unangemessenen Kraftaufwandes, wie durch manche späten Triumphbogenarchitekturen, bei denen gewaltige Säulenordnungen in zierlichen Balkongittern enden. Schwellung der Säule und Durcharbeitung des Gebälkes können diesen Eindruck nur intensivieren oder abschwächen; entscheidend für sein Zustandekommen sind sie nicht.

Betrachten wir mit Pevsner italienische Renaissancehöfe.[54] Er bezeichnet den Palasthof in Urbino als besonders glückliche Lösung, weil sich die gleichmäßig schlanke Säulenordnung an den Ecken zu kräftigeren Pfeilern verfestigt. Wenn er daneben den typischen Florentiner Hof, bei dem auch die für unser räumliches Fühlen wichtige Eckstütze von einer schlanken Säule gebildet wird, vage im Ausdruck findet und den typischen römischen Renaissancehof, bei dem sich schwere Pfeiler um den ganzen Hof ziehen, als unnuanciert schwerfällig empfindet, ist sein Urteil vom Eindruck der abstrakten Dimension bestimmt. Die Detailformen sind von Nebeninteresse.

Hermann Sörgel weist in ähnlichem Zusammenhang darauf hin, daß jede Baukonstruktion direkt auf unser »Sicherheitsgefühl« wirkt. Der durch Geschichte und Gewöhnung geprägte Maßstab dieses Gefühls verlangt gewisse Relationen etwa zwischen Materialaufwand und Spannweite, zwischen Plattendicke und Auskragung.

54 Pevsner, Europäische Architektur, p. 310

»Die Ägypter hatten noch ein sehr primitives Sicherheitsgefühl. Breit aufgeschichtete Massen erfüllten die Erwartungen der konstruktiven Phantasie in einer ganz selbstverständlichen Sicherheitsleistung des seelischen Wahrnehmungsgehaltes. Die Griechen gingen nicht über das Verhältnis von horizontaler Last zu vertikaler Stütze hinaus, verfeinerten aber dessen Erscheinungsform bis zum Raffinement. Im Römer erwachte allmählich der Sinn für den seitlichen Gewölbeschub, der dann im Mittelalter zu höchstem und lebhaft bewegtem architektonischem Ausdruck entfaltet wurde.«[55]

Davon ausgehend, daß es bei der ästhetischen Beurteilung eines Bauwerks nicht auf die durch technisch-konstruktive Maßnahmen gewährleistete tatsächliche, sondern auf die gefühlsmäßige Sicherheit ankomme, folgert Sörgel, eine ästhetisch befriedigende Konstruktion dürfe nicht den Eindruck erwecken, »zu gewagt zu sein« oder den, »daß die Gefahr des Einsturzes nicht ausgeschlossen sei«. Er weist auf den Eiffelturm hin, der »aus solchen Erwägungen heraus viel mehr Eisen erhielt, als seiner Berechnung nach notwendig gewesen wäre. Der bauästhetische Gefühlsmaßstab der Sicherheitsleistung verlangt keine technischen Kunststückchen, sondern übereinstimmende Harmonie zwischen konstruktiver Erscheinung und seelischem Empfinden«[56].

Diese Folgerung ist insofern bedenklich, als sie der erste Schritt dahin ist, den zeitgebundenen »Gefühlsmaßstab« absolut zu setzen, wobei richtig beobachtet sein mag, daß dem Betrachter angesichts von Bauwerken, die den jeweiligen Stand des Sicherheitsempfindens berücksichtigen, am wohlsten ist. Aber wie sollen sich bei der geforderten Rücksichtnahme auf das zeitgebundene

---

55 Sörgel, l.c., p. 153 ff.
56 Sörgel, l.c., p. 153 ff.

gesunde Sicherheitsgefühl dessen Maßstäbe je wandeln? Jedes Bauwerk, das in dieser Richtung bildend wirken soll, muß sein Quantum Beängstigendes haben. Die von Sörgel skizzierte Entwicklung des Sicherheitsgefühls von den Ägyptern zu uns ist eine Kette von Überforderungen des zeitgenössischen Empfindens. Jede der gotischen Kathedralen, die ja teilweise bis an die Grenze der realen Sicherheit und manchmal darüber hinaus gingen, war in dieser Hinsicht eine Zumutung für die Zeitgenossen.

Wir neigen an sich dazu, bei unserem ästhetischen Urteil von absolut gesetzten Gewohnheitsidealen auszugehen. Das prominenteste Beispiel für diese Tatsache im Bereich der Architektur bleibt wohl Semper mit seiner Einschätzung des Eisens »als mageren Boden für die Kunst«[57].

»Man meint, daß das Eisen zu dünn sei, um ästhetische Wirkungen herbeizuführen, ein Urteil, das unter der Voraussetzung gefällt wird, daß zur ästhetischen Wirkung unbedingt Massigkeit gehöre. Offenbar aber liegt hier ein Trugschluß vor, indem ein Gewohnheitsideal für ein absolutes Ideal gehalten wird. Das Gewohnheitsideal ist dadurch entstanden, daß die bisherigen Generationen in Materialien bauten, die massiv wirken, nämlich in Stein und Holz; hätten ihnen dünngliedrige Metallstäbe zur Verfügung gestanden, so würde heute wahrscheinlich die Dünngliedrigkeit als das Normale und Ideale angesehen, die Massigkeit aber als unästhetisch verurteilt werden.«[58]

Maillart hatte oft gegen die aus der Steinarchitektur des 19. Jahrhunderts abgeleiteten Wertmaßstäbe zu kämpfen. Mehrfach

---

57 Semper, l.c., Bd. II, p. 263
58 Muthesius, zitiert bei Fischer, l.c., p. 110

lehnten die Baubehörden seine Brücken als zu papiern in der Erscheinung ab und zwangen ihn, Projekte umzuarbeiten und aus leichten, aufgelösten Konstruktionen zumindest massiv scheinende zu machen. Max Bill berichtet von der Twannbrücke, daß sie ursprünglich als Stabbogen projektiert worden sei und daß nur die Einwände der Behörden, die an der landschaftlich ausgezeichneten Stelle am Bielersee, an der die Brücke entstehen sollte, ein »massives« sogenanntes »naturverbundenes« Aussehen des Bauwerks für angemessen hielten, zur Umarbeitung des grazilen Stabbogens in einen Dreigelenkbogen als Kastenträger mit vollen Seitenwänden führten.[59]

Ein Punkt, an dem unser statisches Gefühl durch die neuen Materialien und die damit verbundenen technischen Möglichkeiten zur Wandlung gezwungen wird, ist also das Verhältnis zwischen Baumasse und Spannweite. Einige andere Punkte sind leicht aufgezählt: Das Gefühl für die Spannkraft einer Linie etwa muß sich den neuen Gegebenheiten anpassen – die Stahlbetontechnik erlaubt bei großen Spannweiten bisher undenkbar niedrige Stichhöhen. Einseitige Auskragungen papieren scheinender Platten ohne jede stützende Konsole wurden denkbar. Die Möglichkeit, im Stahlbetonbau die Fenster um die Ecke herumzuführen, von der gerade in den zwanziger und dreißiger Jahren sehr oft Gebrauch gemacht wurde (– die »Neue Zeit« bedient sich verständlicherweise in manieristisch anmutendem Bemühen jeder Möglichkeit, gegen bisher »gültige Regeln« zu verstoßen –), zwingt zu struktivem Umdenken und trifft empfindlich die am klassischen Beispiel genährte Sehnsucht nach der festen Ecke. Daß jetzt große Baumassen auf transparente Untergeschosse getürmt werden können, führt zu einer parallelen Wandlung des statischen Empfindens, dem der

59 Bill, Maillart, p. 114

venezianische Palazzo Ducale (1340–1442) bisher ein staunenswerter Verstoß gegen die Regel war, daß ein Bauwerk von unten nach oben »leichter« werden müsse.

Die aufgezählten Punkte sind aber nur Teilaspekte. Symptome dafür, daß sich hier unsere ästhetischen Kategorien der neuen Situation angepaßt haben, erlauben noch keine Rückschlüsse für die Beantwortung der Frage, ob die einzelnen Bauglieder in ihrer Formung nur aus den Gegebenheiten der Konstruktion und des Materials heraus unmittelbar sinnfällig sind. Der Zweifel daran, daß Stahl- und Stahlbetonformen je mit intuitiver und von keinem speziellen Fachwissen belasteter Selbstverständlichkeit ästhetisch beurteilt werden, ja so direkt in ihrem Sinne einleuchten könnten wie die Formen historischer Steinarchitektur, ist weit verbreitet und wird vielfältig begründet.

»Das Kapitell spricht als schön Geformtes jeden ästhetisch Empfindsamen unmittelbar an. Wenn es auch nebenbei strukturellen Sinn hat, zum Mindesten symbolischer Art als Fixierung des Ortes, wo die Last aus dem Gebälk in den Säulenkopf überwechselt – entscheidend ist dieser Sinngehalt nicht für den unmittelbaren Zuspruch, dessen ganz einfach die Schönheit der Form gewiß sein kann.– Anders beim konisch geformten Stab, wie z. B. bei der V-Stütze. Eine V-Form allein besagt nichts. Sie rührt den Beschauer nicht an. Sie hat auch keinen Symbolgehalt. Aber dafür ist die V-Stütze selbst Konstruktion und als solche eine Aussage struktureller Art ... Sie will nichts darstellen, sie ›i s t‹ ... Ohne Erkennen des Strukturgehaltes dieser Form ... ist ein ästhetisches Empfinden für die Strukturform nicht möglich. Deshalb auch die Rede von der »Richtigkeit« der modernen Strukturform als Voraussetzung für jeden ästhetischen Anspruch ... Während beim (antiken Kapitell) die schöne Form in jedem Fall, für sich allein betrachtet Bestand haben kann, ... ist die Strukturform aus der zweckgebundenen Beziehung herausgelöst ... völlig aussagearm.«⁶⁰

Auf den ersten Teil dieser Siegel'schen These, daß die historische Form an sich »jeden ästhetisch Empfindsamen« anspricht und ihren strukturellen Sinn nur »nebenbei« hat, soll hier nicht näher eingegangen werden, obwohl es viele Beispiele dafür gibt, daß etwa Säulenstellungen oder andere symbolische Formen »völlig aussagearm« sind, wenn sie in nichtigen Zusammenhängen verbraucht wurden, auch wenn wegen der gegenständlichen Formung dort etwas zu schauen übrig bleibt. – Wichtiger scheint es hier, die zweite These Siegels zu relativieren, daß »ohne Erkennen des Strukturgehaltes ein ästhetisches Empfinden für die Strukturform nicht möglich« ist, daß »die Strukturform aus der zweckgebundenen Beziehung herausgelöst völlig aussagearm« ist. Da es sich um eine für die moderne Strukturästhetik grundlegende Frage handelt, soll weiter ausgeholt werden.

In seinen »Prolegomena zu einer Psychologie der Architektur« spricht Wölfflin vom »intellektuellen Faktor« im Gegensatz zu anderen Faktoren, durch die ein Kunstwerk direkt auf den Betrachter wirkt. »Der Unterschied zwischen Regelmäßigkeit und dem, was ich hier einstweilen als Gesetzmäßigkeit bezeichne, gründet sich auf eine sehr tiefgehende Differenz: Hier haben wir ein rein intellektuelles Verhältnis vor uns, dort ein physisches. Die Gesetzmäßigkeit, die sich in einem Winkel von 90° oder in einem Quadrat ausspricht, hat keine Beziehung zu unserem Organismus, sie gefällt nicht als eine angenehme Daseinsform, sie ist keine allgemein organische Lebensbedingung, sondern nur ein von unserem Intellekt bevorzugter Fall. Die Regelmäßigkeit der Folge dagegen ist

---

60 Siegel, l.c., p. 86

uns etwas Wertvolles, weil unser Organismus seiner Anlage gemäß nach Regelmäßigkeit in seinen Funktionen verlangt ... Ein anderer Fall: Daß eine Pyramide genau in einem Winkel von 45° aufsteigt, bietet uns ein bloß intellektuelles Vergnügen, unserem Organismus ist dies gleichgültig, er rechnet bloß mit den Verhältnissen von Kraft und Schwere und gibt danach sein Urteil ab ... Für die Charakteristik, das heißt für den Ausdruck eines Kunstwerks ist der intellektuelle Faktor beinahe ganz bedeutungslos ...«[61]

Man mag einwenden, daß sich Wölfflins Betrachtungen nur auf geometrische Verhältnisse beziehen und daß die Übertragung dieser Gedankengänge auf moderne Konstruktionsprobleme fragwürdig sei; individuelle Erfahrung und Aussagen moderner Konstrukteure sollen belegen, daß auch für die ästhetische Ausdrucksfähigkeit der »Strukturform« der »intellektuelle Faktor« bedeutungslos ist, und daß die direkte Aussage einer Form immer das Primäre ist; daß diese Aussage durch spätere intellektuelle Betrachtungen relativiert oder zurückgenommen werden kann, ist eine Tatsache, die nicht dazu verleiten darf, schon statische Kenntnisse dafür für nötig zu halten, um von einer Form beeindruckt zu sein. – Immer wieder kann man etwa Betrachter angesichts der Berliner Kongreßhalle von dem unmittelbaren Ausdruck kraftvoller Spannung des Bogenpaares beeindruckt sehen. Daß der Eingeweihte mit dem Wissen um die konstruktiven Fragwürdigkeiten des Objektes, darum, daß die Bögen weniger halten als gehalten werden und um manche andere Delikatesse in der Bewältigung des Kraftflusses, seine Empfindungen vor der gewaltigen konstruktiven Atrappe zu regulieren versucht, berechtigt nicht dazu, der Konstruktion mit Begriffen wie richtig und falsch, sinnvoll und fraglich ihre unmittelbare Ausdruckskraft abzusprechen. Ohnehin vollzieht

---

61 Wölfflin, l.c., p. 26

sich an jedem Stahlbetonteil der Kraftausgleich dank der Eiseneinlagen in vollkommener Weise als äußerlich in Erscheinung tritt. Heißt es, um es überspitzt zu formulieren, daß die ästhetische Würdigung von Stahlbetonformen nur noch mit dem Bewehrungsplan in der Hand möglich ist? Wo doch nach Torroja »auch das in mechanischen Dingen geübteste Auge nicht imstande ist, die Größe der Beanspruchungen und Spannungen abzuschätzen, wenigstens nicht mit jener intuitiven Blitzartigkeit, die erforderlich ist, damit ihre Erfassung in die ästhetische Befriedigung eingeht?«[62]

Siegel schildert am Beispiel eines Skelettbaues, wie der statische und konstruktive Schein in sich logisch wird dadurch, daß Säulen, die der Installation wegen da sind, mit Unterzügen, die auch nichts tragen, in die »richtigen« Beziehungen gebracht werden.[63] Hier wird auch der Wissende machtlos. Die massig scheinenden Wände der Kapelle in Ronchamp von Corbusier bestehen aus hohlraumreichem Wabenwerk. Puritanischer Dogmatik muß dieser Trug bedenklich scheinen. Der angestrebte ästhetische Eindruck erdverhafteter Schwere bleibt erreicht. Die Tatsache, daß die echte konstruktive Aussage und die Atrappe im gleichen Gewande einherkommen so weit, daß auch statisches Grundwissen keinen Ansatzpunkt zur Unterscheidung liefert, macht deutlich, daß das Problem nicht durch wissenschaftlich-intellektualistische Bildung des Betrachters gelöst werden kann, sondern eine Frage des künstlerischen Gewissens ist, wobei im Falle Ronchamp die Frage durchaus legitim erscheint, ob es in unserer Zeit, in der Wabenwerk eben wirtschaftlicher herzustellen ist als eine massive Wand von großer Dicke, nicht Anachronismus wäre, um eines optischen Eindrucks willen Masse zu schichten.

62 Torroja, l.c., p. 233
63 Siegel, l.c., p. 33

Die Kriterien der »konstruktiven Ehrlichkeit« sind nur sehr bedingt geeignet, sich dem Bau von Corbusier überhaupt zu nähern, weil plastische und räumliche Erwägungen für die Konzeptionen des Baues bestimmend waren. Trotzdem kann man fragen, ob es nicht einen Gewinn bedeuten würde, wenn die Massigkeit keine Täuschung, sondern Masse wäre, zumal schon heute Risse in der Wand die scheinbar gewaltigen Mauern als Kulissen decouvrieren.

Torroja scheint es erstaunlich, daß ein Bogen leichter einen ästhetisch befriedigenden Eindruck hervorzurufen vermag als ein Fachwerkträger, obwohl der Bauprozeß des letzteren im freien Vorbau ohne Rüstwerk viel klarer ist als der des steinernen Bogens auf einem Rüstwerk, das man sich denken muß, aber nicht sieht. Einmal mehr wird deutlich, daß intellektuelle Faktoren – hier das Wissen um den klareren Bauvorgang – das ästhetische Urteil kaum beeinflussen. Das Tragverhalten des Bogens ist augenscheinlicher, liegt klarer vor dem Betrachter; es ist als baulicher Kraftakt, als reine Druckbeanspruchung psychologisch leichter nachfühlbar, während der Fachwerkträger den Kraftverlauf schematisiert, die wirkenden Kräfte in eine Vielzahl schwer verfolgbarer Komponenten zerlegt, so daß auch das geschulte Auge erst nach kontrollierender Überlegung erkennt, wo Druck- und wo Zugstäbe sind.

Nervi führt die Verminderung der Ausdrucksintensität, die heute vielfach festgestellt wird, im Grunde auf die Überschätzung der logisch-theoretischen Seite des Gestaltens zurück. Es ist heute dank der ausgebauten statischen Systeme, die uns zur Verfügung stehen, kein Problem, eine in sich sinnvolle, richtige Konstruktion zu erstellen. Daß man in der Richtigkeit einer Konstruktion schon eine künstlerische Qualität sieht, führt zur Vernachlässigung der eigentlichen Aufgabe, der Stilisierung der richtigen Form aus tiefergehendem Material- und Strukturverständnis heraus zur deutlichen Form. Daß in der Geschichte »große Bauwerke immer erwuchsen aus dem komplizierten geistigen Prozeß des Erfassens und Verarbeitens der statisch konstruktiven Welt, die nur einem überdurchschnittlich arbeitenden Geist zugänglich war«[64], während heute dank der theoretischen Grundlagen rein formale Konzeptionen möglich werden, scheint Nervi eine große Gefahr für die gegenwärtige Baukunst.

Wenn Maillart immer wieder betont, daß die Berechnung die Abmessungen nicht eindeutig und endgültig bestimmt und daß sie bestenfalls zur Grundlage der Formgebung dienen soll, meint das nichts anderes, als daß nicht die in sich logische Statik und Struktur die gute Konstruktion ergibt, sondern die einfache und deutliche Formensprache. »Je nach den Verhältnissen kann das Rechnungsergebnis direkte Anwendung oder Abänderung erfahren, und das zweite wird oft geschehen, wenn nicht ein Rechner, sondern ein Konstrukteur arbeitet.«[65]

»Von der Bedeutung eines Gegenstandes fällt nur soviel in seine ästhetische Bedeutung, als in seiner Darstellung zu sinnlicher Ausprägung gelangt ... So deckt sich also die ästhetische Bedeutungsvorstellung nicht im entferntesten mit der sachlichen, geschweige denn mit der wissenschaftlich festgelegten.«[66]

Im Gegensatz zu Siegel, der bei der Betrachtung der Stützlinie und ihrer Verwendung im modernen Brückenbau zu dem Schluß kommt: »Als Zweckform ist sie hier ›richtig‹ und damit an dieser Stelle auch schön«[67] und somit die Kategorien der »konstruktiven

---

64 Nervi, l.c., Einleitung
65 Maillart, zitiert bei Bill, l.c., p. 8
66 Volkelt, System der Ästhetik, p. 139
67 Siegel, l.c., p. 165

Ehrlichkeit« mit denen der Ästhetik identifiziert, weist Torroja nachdrücklich darauf hin, daß »richtige« logische Formen keineswegs im Einklang mit unserem ästhetischen Empfinden von schön und häßlich stehen müssen.

»Natürlich braucht die Form des gleichen Widerstandes keineswegs die künstlerischste zu sein. Ein Bogen müßte z. B. zur Ertragung seines Eigengewichtes an den Kämpfern rasch an Dicke zunehmen. Das wäre ein Resultat, das von allen Gesichtspunkten aus wenigstens heutzutage. als unangenehm empfunden würde ... Dies bezeugt uns, daß die mechanisch definierten Kurven nicht immer mit den ästhetischen Belangen übereinstimmen, und daß der Hand des Künstlers bei der Korrektur jener Linien noch ein weites Betätigungsfeld offensteht ...«[68]

Die These, daß »konstruktive Ehrlichkeit« an sich für die Ausdruckskraft eines Bauwerks noch gar nichts bedeutet, findet ihre Bestätigung auch in der gegenwärtigen Praxis; überall werden die intellektuellen Forderungen nach Redlichkeit und Richtigkeit überspielt von gefühlsmäßig bestimmten formalen Wunschvorstellungen, die sich an Hand von Schöpfungsbauten der Moderne und aus den technischen Möglichkeiten, die die neuen Baustoffe mit sich brachten, entwickelt haben, weil sich diese Vorstellungen in ihrer Aussage direkt und nicht über den kontrollierenden Verstand an den Betrachter wenden.

Siegel wundert sich über die heute weitverbreitete falsche Anwendung der V-Stütze; etwa, wenn sie als eingespannte Stütze benutzt wird und sich im Widerspruch zur statischen Beanspruchung zum Fußpunkt hin verjüngt. Ausgehend von der Tatsache,

---

68 Torroja, l.c., p. 233

daß sie als eingespannte Stütze sich logischerweise nach unten verbreitern müßte, schreibt er: »Ist es mithin nicht fragwürdig, den schwerstbelasteten Fußpunkt scheinbar wie ein Gelenk zu formen? Warum werden Lösungen, die dem Kraftfluß wirklich entsprechen, nicht öfter verwirklicht? Sind sie in ihrer struktiven Eindeutigkeit vielleicht zu einfach und nicht attraktiv genug?«[69]

Die Antwort auf diese Frage liegt nach allem, was hier über die unmittelbare Ausdruckskraft der Bauform gesagt worden ist, auf der Hand. Die V-Stütze wird nicht dort vorgezogen, wo die andere Stützenform im Sinne des »strukturellen Gesetzes« richtiger wäre, weil die sich nach unten verbreiternde Säule als Form an sich weniger »einfach« ist, sondern weil wir uns an oft und gerade an exemplarische Bauten der Moderne angewandte Materialformen gewöhnt haben, zu denen sie gehört. Die Möglichkeit, auskragend zu bauen und gewaltige Massen punkthaft zu lagern, wird allgemein für unsere Zeit als besonders kennzeichnend empfunden. Auf dieser Möglichkeit basierend hat sich ein Streben nach Leichtigkeit und schwebend scheinenden Konstruktionen entwickelt, dem die V-Stütze als Form entgegenkommt. Siegel selbst konstatiert, daß »im Unbewußten unserer Geschmacksbildung eine Sympathie für das Mobile, das leichte, das nicht mehr fest am Boden Verhaftete mitspricht. Die auf leicht erscheinenden V-Stützen ruhende Konstruktion entspricht unserer Neigung grundsätzlich besser als der unten im Boden verstrebte Wölbbau des Mittelalters.«[70]

Genährt wird diese Vorliebe für das »Schwebende« auch durch verschwommen-gefühlvolle Interpretationen moderner Bauten. Giedion: »In dem Berliner Kongreßgebäude scheint das gewaltig

---

[69] Siegel, l.c., p. 113
[70] Siegel, l.c., p. 87

ausgreifende Gewölbe auf der Plattformebene fast zu schweben ...
In den konkaven Flächen vollzieht sich ein Kräftespiel, das dem
Gewölbe sein inneres Gleichgewicht sichert. Zwar sieht das
Auge nichts von den unsichtbaren Drahtseilsträngen, die der
Beton verbirgt, aber auch dem stumpfesten Beobachter wird
eine Ahnung vermittelt, daß es sich hier um eine Meisterung
des Kräftespiels handelt, wie sie erst diese Epoche hervor-
gebracht hat.«[71]

Gerade diese ideologisierend-formale Interpretation ohne Analyse des tatsächlichen Zusammenhanges zwischen Kräftespiel
und Form leistet dem neuen Formalismus Vorschub, der auch
bei Max Bill anklingt, wenn er zur Salginatobel-Brücke von
Maillart sagt:

»Die Brücke ist nicht ganz so konsequent durchkonstruiert,
wie z.B. seinerzeit die Tavanasa-Brücke, oder später wieder
die Roßgraben-Brücke, bei denen keinerlei feste Brüstungen
die Harmonie störend beeinflussen. Wenn wir hier auch nicht
behaupten wollen, daß die Brüstung völlig ohne statische
Funktion sei, so kann man sich dennoch sehr wohl vorstellen, daß sie nach den vorherigen und bisherigen Erfahrungen
hätte umgangen oder durch irgendeine andere Lösung ersetzt
werden können.«[72]

Die Frage ist hier nicht, ob die Bauglieder untereinander oder
in einem sinnvollen Zusammenhang stehen, nicht nach der intellektuellen Redlichkeit wird gefragt und nicht die Notwendigkeit aller konstruktiven Teile und ihrer Form wird angezweifelt;

71 Giedion, Architektur und Gemeinschaft, p. 119
72 Bill, l.c., p. 60

es wird bemängelt – ganz im Sinne der eben geschilderten Grundhaltung –, daß die Brücke nicht noch leichter in der Erscheinung ist. Leichtigkeit wird absolutes Postulat, die Vermeidung der Brüstung auch dort gefordert, wo sie konstruktiv sinnvoll ins bauliche Gefüge einbezogen ist.

Diese Ausführungen sollen weder eine Aufforderung sein, dem Trend nach Leichtigkeit und schwebender Erscheinung um jeden Preis zu folgen, noch einem willkürlichen Formgebrauch das Wort reden. Das Ziel war, die These, daß die moderne »Strukturform« (Siegel) an sich ausdruckslos sei, zu relativieren: Sie wird ja nur deshalb in falschen Zusammenhängen verwendet, weil ein bestimmter Ausdruck gewünscht wird, der sich nicht aus der jeweiligen Sache ergibt, sondern durch die Form an sich garantiert wird. Zum anderen sollte nachgewiesen werden, daß »konstruktive Ehrlichkeit« künstlerisch zunächst wenig bedeutet. Nicht auf die richtige Form, sondern auf die deutliche Form kommt es an, und nur durch sie können zeitgebundene formale Wunschvorstellungen des Betrachters erweitert und überwunden werden.

Daß sich der Fachmann durch spezielles Wissen und intellektuelle Ergänzung – etwa nicht zu sehender Bauglieder oder nicht gezeigter Konstruktionsstärken – neue Dimensionen der ästhetischen Erkenntnis erschließen kann, ist eine Tatsache, die nicht dazu führen darf, einem logisch durchkonstruierten Bau a priori künstlerische Qualität zuzubilligen, wie groß die Versuchung dazu auch sein mag angesichts des weitverbreiteten Mißbrauchs konstruktiver Formen. Form zählt als künstlerische Aussage – und nur als solche interessiert sie hier – erst dann, wenn ihre »Bedeutung in ihr zu sinnlicher Ausprägung gelangt ist«[73],

---

73 Volkelt, l.c., p. 139

das heißt, wenn ausgehend von dem statisch konstruktiven Zusammenhang, in dem sie steht, ihre bauliche Aufgabe so deutlich in ihr wird, daß ihre Gestalt unmittelbar sinnvoll und einleuchtend wird. Das läßt sich von den wenigsten im Einklang mit dem »strukturellen Gesetz« (Siegel) erstellten Bauten sagen. Eine saubere und klare Struktur ist e i n e Sache, eine ausdrucksvolle Bauform eine andere. Wie weit sie sich gegenseitig bedingen, kann diskutiert werden; aber die Siegel'sche Verschmelzung beider Begriffe zu »Strukturform«, was a priori Qualität bedeuten soll, ist bedenklich.

»Konstruktive Ehrlichkeit« und wirtschaftlich-technische Logik

In diesem Abschnitt unserer Betrachtung soll versucht werden, die Grenze zu markieren, die der Versuch, »konstruktiv ehrlich« zu bauen im wirtschaftlich-technischen Bereich findet. Nicht daß mit lapidar wirtschaftlichen Untersuchungen herausgefunden werden soll, die künstlerisch weniger anspruchsvolle Form sei meist die billigere. Gefragt werden soll vielmehr, ob man die Bauform tatsächlich nur aus den Materialeigenschaften und dem konstruktiven Zusammenhang, in dem sie steht, entwickeln und erklären kann oder wie weit die Bauform etwa um der Möglichkeit rationeller Fertigung willen oder anderer wirtschaftlich-technischer Faktoren wegen modifiziert oder im Sinne der »konstruktiven Ehrlichkeit« gar verfälscht werden kann oder muß; anders gefragt, ob die modernen Herstellungstechniken und Bearbeitungsverfahren ganz selbstverständlich den Versuch, »konstruktiv ehrlich« zu bauen, erleichtern oder wann und wie weit sie ihn erschweren.

Seit Gottfried Semper die Entstehung einer Form erstens aus der Funktion erklärte, »als Resultat des materiellen Dienstes oder Gebrauchs, der bezweckt wird«, und zweitens »als Resultat des Stoffes, der bei der Produktion benutzt wird, sowie der Werkzeuge und Prozeduren, die dabei in Anwendung kommen«[74], und damit die idealistische Betrachtungsweise ad absurdum führte, die jede Form ideell entstanden sah und für auf jedes Material übertragbar hielt, ist der Zusammenhang zwischen Stoff und Form allgemein und prinzipiell anerkannt. Die Forderung Sempers »Das Produkt soll sich als Konsequenz des Stoffes sichtlich darlegen«[75] ist theoretische Grundlage jeder späteren wie sonst auch immer gearteten stilistischen Entwicklung geworden.

74 Semper, l.c., 1. Hauptstück, p. 8
75 Semper, l.c., 1. Hauptstück, p. 95

Semper denkt, wenn er von »Werkzeugen und Prozeduren« spricht, die bei der Bearbeitung des Stoffes in Anwendung kommen, vornehmlich an die handwerkliche Fertigung, bei der die formschaffende Hand ein ständiges Regulativ am zu bearbeitenden Stoff und seinen Materialeigenschaften findet. Die größte Gefahr für die Kunst sieht er in der mit der fortschreitenden Industrialisierung verbundenen Möglichkeit, handwerklich entstandene Formen und Ornamente maschinell zu fertigen und damit zu entwerten. Aus der gleichen Sorge heraus wird im Programm der Dresdener Kunstgewerbeausstellung 1906 gefordert, »daß bei der Verarbeitung durch die Maschine die Schönheit des nackten Materials, nicht zu verwischen oder täuschend zu verändern, sondern möglichst ungebrochen zur Geltung zu bringen ist, und daß der aussichtslose Wettbewerb mit den durch die Hand geschaffenen Schmuckformen zu Verirrungen führt«.[76]

Man kann nicht behaupten, daß dieser Forderung in der Praxis allgemein entsprochen worden ist, daß es die Produktion von »Stilmöbeln« und anderem Talmi nicht gäbe; aber man kann sagen, daß jedem, der theoretischen Erörterungen zugänglich ist, die oben angeführte Maxime einleuchtend geworden ist, daß die ästhetische Diskussion in diesem Punkt abgeschlossen ist. Die Fronten sind klar.

Eine andere und heute wichtigere Problematik ist daraus entstanden, daß bei der Maschinenarbeit das Regulativ durch den Stoff und seine Eigenschaften, dem die Handarbeit entscheidende Impulse verdankt, wegfällt. So lange handwerklich gearbeitet wurde, konnte man an der gewonnenen Form unmittelbar bestimmte Materialeigenschaften ablesen: die Härte und die massive Schwere

76 Schumacher, l.c., p. 113

des Natursteins, die faserig-stabförmige Struktur des gewachsenen Holzes, die amorphe Plastizität des Betons fanden ihren unmittelbaren Niederschlag im daraus geschaffenen Gegenstand. Es scheint gerechtfertigt, aus jedem Material bestimmte formbildende Einflüsse abzuleiten, sie absolut zu sehen und zur Grundlage der Beurteilung der aus dem betreffenden Stoff hergestellten Bauformen zu machen. Es war vielleicht zu erwarten, daß sich der Zusammenhang zwischen Stoff und Form beim Industrieprodukt lockern würde. Aber darüber hinaus sprechen heute eine Reihe von Indizien dafür, daß sich der Zusammenhang zwischen Material und Produkt infolge der Industrialisierung völlig aufgelöst hat, daß keine verläßlichen Rückschlüsse von der Form auf den Stoff möglich sind. Da aber, wenn es nicht mehr möglich ist, materialgerecht zu gestalten, eine der Voraussetzungen der »konstruktiven Ehrlichkeit« in Frage gestellt ist, nötigt die Problematik zur eingehenden Untersuchung.

Es scheint eine logische Übertragung und Weiterentwicklung eines handwerklichen Produktionsvorganges in einen industriell bestimmten, wenn der Backstein plötzlich aus der Strangziegelpresse und dem Ringofen kommt; auch das Ergebnis der industriellen Herstellung, der maßhaltigere, im Brand gleichmäßigere, kurz anonymere Backstein, steht in einem einleuchtenden Verhältnis zu seinem Vorgänger, der durch all die kleinen Unregelmäßigkeiten, die die handwerkliche Fertigung mit sich brachte, gekennzeichnet war. – Aber es ist ein grundsätzlich anderer Vorgang, wenn der Naturstein, der sich wegen seiner Schwere, Härte und Lagerhaftigkeit für die Verarbeitung zum Quader und für die Herstellung gewichtigen Mauerwerks empfahl und seit Jahrhunderten so genutzt wurde, plötzlich zu dünnen Platten gesägt wird und als Verkleidung Verwendung findet. Ein Material, das im Laufe der Zeit zum Inbegriff lagerhafter Schwere und verbürgter Solidität geworden war, degeneriert zum schönen Schein vor leichten Schwemmsteinwänden. Hier werden qualitative Grundlagen verkehrt, ohne daß man die technische Bearbeitung von vornherein als nicht materialangemessen bezeichnen könnte, und ohne daß man unbillige Konkurrenz mit der bisherigen Handbearbeitung feststellen müßte.[77]

Das Material Holz ist von dieser Entwicklung besonders betroffen. Holz legt durch seinen faserig-stabartigen Charakter, der sich aus dem natürlichen Wuchs ergibt, die Verwendung in Form von geraden Stäben oder Brettern nahe. Tatsächlich wurden im traditionellen Handwerk größere Flächen aus diesen Elementen gefügt und gebogene Teile aus dem vollen Holz herausgearbeitet.

Erstmalig wurde das traditionelle Materialverständnis qualitativ verändert, als es Michael Thonet zu Beginn des 19. Jahrhunderts gelang, massive Hölzer – gerade Stäbe – über eine Stahlform im Wasserdampf zu beliebigen Kurven zu biegen; die neuere Entwicklung der Furniertechnik führte dann zu einer weiteren Auflösung des Zusammenhangs zwischen dem Produkt und den natürlichen Materialeigenschaften. (Van de Velde noch hat das Furnierholz als lügenhaft bezeichnet und sich seiner Verwendung enthalten.) Wie weit sich das Baumaterial »Holz« noch von dem Naturprodukt entfernen wird, ist nicht abzusehen.

»Die heutige Technik ... hat bereits sehr bedeutende Erfolge durch die Verwendung von kunstleimgebundenen Brettern errungen, welche besonderen Behandlungen unterworfen werden. Man könnte

---

[77] Problematik im Sinne dieser unbilligen Konkurrenz gibt es allerdings auch beim Naturstein; Während früher die Marmorinkrustationen italienischer Kirchen Produkt handwerklicher Mühe waren, die den Hintergrund für die entstandene Ornamentik bildet, sind heute billige »Steintapeten« in jeder Form denkbar. – Analoges gilt etwa für die Entwicklung des Furniers.

fast sagen, daß es sich in Bezug auf die Tragwerkswirkungen um ein ganz neues Material handelt. Sobald das Tragwerk monoxylen Charakter erwirbt, nimmt es die Eigenschaften anderer Baustoffe an, so daß sein Gesamtverhalten, seine Anwendungstechnik sowie der entsprechende Bauvorgang sich völlig verändern. Die synthetischen Leime und deren Trocknung durch Infrarot-Bestrahlung oder durch Diathermie haben eine wahre Umwälzung der Technik des Holzes hervorgerufen. Mit dem Furnierholz fing diese Entwicklung an, welche zur Schaffung eines in der Ebene isotropen Baustoffes führte, d. h. eines Baustoffes, mit analogen Festigkeitseigenschaften sowohl in der Längs- wie in der Querrichtung, jedoch blieb seine Anwendung für den Tragwerksbau auf verhältnismäßig wenig Fälle beschränkt. Die bedeutendsten Anwendungen ergaben sich dank der heutigen Behandlungen des Holzes, welche es vor ›Witterungseinflüssen schützen‹ und welche auch sein elastisches Verhalten günstig beeinflussen. Viel hat auch die Verwendung jener Kunstleime dazu beigetragen, die den Holzverbindungen eine fast ebenso große Festigkeit verleihen, wie sie das Holz selbst aufweist, ohne dabei von geringerer Dauer zu sein. Trotzdem ist der Weg bis zur Erreichung einer großen Vollkommenheit und wirtschaftlichen Anwendbarkeit dieser Verfahren noch weit, andererseits muß sich die Technik der Tragwerke noch den Eigenschaften und Vorteilen dieses neuen Materials anpassen.«[78]

»In neuerer Zeit sind mit verleimten Hölzern Bögen bis zu 60 m Spannweite hergestellt worden. Da gleichzeitig intensiv an der Lösung der wirtschaftlichen Frage, der Unbrennbarkeit und Unverfaulbarkeit der Hölzer gearbeitet wird, kann man dieser Technik eine große Entwicklung prophezeien.«[79]

78 Torroja, l.c., p. 48
79 Torroja, l.c., p. 91

Neue Bearbeitungsmethoden haben – besonders auch in der Möbelindustrie – zu neuen Erscheinungsformen des Holzes geführt – als gebogenes und gepreßtes Schichtholz etwa –, die mit dem Naturprodukt Holz und dessen Materialeigenschaften zum Teil so wenig zu tun haben, daß sie eher und öfter im Zusammenhang mit synthetischen Stoffen – etwa Kunstharzen – genannt werden und konsequent auch zu ähnlichen Formen verarbeitet werden.

Die angedeutete Entwicklung beschränkt sich nicht auf traditionelle Baustoffe wie Holz und Stein; moderne Materialien sind in ähnlicher Weise davon betroffen, obwohl sich noch keine für sie kennzeichnende handwerkliche Bearbeitungstradition entwickelt hatte.

Das erste und sicherste, das mindeste, was man über den neuen Baustoff Beton aussagen zu können glaubte, nachdem man die Epoche der Hausteinnachahmung überwunden hatte und sich um materialgerechte Gestaltung bemühte, war, daß er eine »plastische, amorphe Masse« sei, die geeignet scheine »zur Bildung von organhaften Monolythen«[80]. Eine Charakterisierung, die auch heute niemand als unangemessen empfindet. Folgerichtig sind frühe Betonbauten (Prototyp: Einsteinturm) in der Erscheinung durch die Plastizität bestimmt, die man für den Beton kennzeichnend fand. Während für den Stahlbau schon immer das durch die Fertigung im Walzwerk bestimmte und nicht aus der Gegebenheit am Bau entwickelte Profil charakteristisch war – das gleichmäßig durchlaufende Profil entspricht nur selten und zufällig den konstruktiven Anforderungen an der Stelle, an der es Verwendung findet –, schien eine besondere und spezifische Möglichkeit des Stahlbetons zu sein, daß man auf Grund seiner plastischen Qualitäten

80 Platz, l.c., p. 127

daraus geformte Bauglieder formal der jeweiligen Belastung anpassen konnte. Heute können – wenn diese Entwicklung auch noch in den Anfängen steckt und für Europa augenblicklich noch Utopie sein mag – mit Hilfe der Strangpresse aus Beton beliebig geformte Stäbe unbegrenzter Länge hergestellt werden, die als vorgefertigte Elemente zu Gerippebauten zusammengestellt werden.[81] (Abb. 3 und 4)

Das führt zu zimmermannsmäßigen, manchmal auch an den Stahlbau erinnernden baukastenartigen Erscheinungsformen, die man a priori als dem Beton unangemessen verworfen hätte. Zwischen dem Stahlprofil aus dem Walzwerk und dem Stahlbetonprofil aus der Strangpresse besteht kein prinzipieller Unterschied mehr. Die Technik führt hier zu einer Nivellierung der sich vom Material her anbietenden Differenzierungen. Sie zwingt nicht nur zu täglich neuem Umdenken im Sinne einer kontinuierlichen Entwicklung, sondern verkehrt oft die Grundlagen unserer ästhetischen Kategorien.

»Die Verschmelzung der verschiedenen Elemente des Tragwerks in ein einziges meistert die verschiedenen Haupt- und Nebenspannungserscheinungen und wurde ... als eine dem Stahlbeton eigene Tendenz bezeichnet. Er hat diese Eigenschaft dank seiner zweckmäßig-widerstandsfähigen Beschaffenheit, welche ihm seine Bewehrung und seine leicht veränderliche Materialdicke verleihen ... Die Notwendigkeit, die Schalungskosten zu verringern, hat die Anwendung der vorgefertigten Träger außerordentlich gefördert; auch der Spannbeton hat hierbei eines seiner fruchtbarsten Anwendungsgebiete gefunden. Natürlich geht bei dieser Konstruktion die für den Stahlbeton typische monolithische Struktur

---

81 Vgl. Wachsmann, Wendepunkt im Bauen, p. 99

Abb. 3

Abb. 4

verloren, jedoch wurden allmählich Fugentypen erfunden, deren Verzahnung und Ausfüllung zum größten Teil die Vorteile der Kontinuität zurückgewinnen.«[82]

Diese Rückgewinnung betrifft aber ausschließlich die statisch-konstruktive Seite. Die Baukastenfügung wird biegesteif. Ästhetisch bleiben der Charakter des Monolithischen und seine formalen Ausprägungen (Vouten und andere plastische Anschlüsse) verloren.

Überhaupt wird selten erkannt, daß die Vorspannung, so bahnbrechend sie als technische Neuerung sein mag, künstlerisch nicht ohne Problematik ist; bietet sie doch in erhöhtem Ausmaß die Möglichkeit, rein formale Konzeptionen zu verwirklichen, indem sichtbare konstruktive Glieder – die für das jeweilige Gefüge oft besonders kennzeichnend sind – durch anonyme optisch nicht existente Vorspannkabel ersetzt werden.

Allerdings bedeutet Vorspannung in vielen Fällen ja die Trennung der im Stahlbeton monolithisch miteinander verbundenen Materialien Stahl und Beton, wobei die Möglichkeit entsteht, die beiden Materialien in ihrem unterschiedlichen Tragverhalten in Erscheinung treten zu lassen. Daß dies nicht nur im Extremfall der unterspannten Konstruktion möglich ist, die optisch ja deutlich in druck- und zugbeanspruchte Teile zerfällt, sondern auch bei Konstruktionen, bei denen Vorspannkabel innerhalb des Betonquerschnitts verlaufen, wird etwa am Beispiel der neuen Hamburger Großmarkthalle deutlich. Dort ist versucht worden, durch sägezahnartige Ausbuchtungen der Bogenbinder da, wo die Vorspannkabel ansetzen, nicht nur den Ansatzpunkt, sondern auch die Spannrichtung und den Verlauf innerhalb der Schalenkonstruktion

82 Torroja, l.c., p. 160 u. 175

anzudeuten. Ein erster Versuch, sich der ästhetischen Problematik
der Vorspannung zu stellen, der als Hinweis auf die spezifischen
Möglichkeiten, die mit diesem neuen Konstruktionsmittel verbunden sind, in diesem Zusammenhang genügen mag.

Einerseits ergibt sich also aus der Entwicklung neuer Techniken
und dem Zwang zur Ökonomie eine immer tiefergehende Entfremdung zwischen den für das unbearbeitete Material als kennzeichnend empfundenen Eigenschaften und der fertigen Form, die
Begriffe wie »Materialgerechtigkeit« und »konstruktive Ehrlichkeit«
schwer faßbar macht. Andererseits führen aber auch technisch
nicht bewältigte Probleme, ökonomische Erwägungen und die
Begrenztheit theoretischer Erkenntnis – Mangel an geeigneten
Berechnungsmethoden – zu Formungen, die sich aus der abstrakten Materialeigenschaft nicht nur nicht erklären lassen, sondern
dieser oft widersprechen. Formen etwa, die in erster Linie durch
die plastischen Qualitäten des Stahlbetons und seine Fähigkeit,
sich jeder Form anzupassen, inspiriert waren, waren schwierig
herzustellen. Schumacher urteilt über van de Veldes Werkbundtheater: »... auch dieses reizvolle Werk darf man nur werten als
Individualleistung eines ungewöhnlich eigenwilligen Künstlers;
trotz aller »Maschinenhaftigkeit« seines Eindrucks widerstreben
diese schmiegsamen Formen eher der modernen Konstruktion, als
daß sie ihr entgegenkommen. Es ist ein lange festgehaltener literarischer Irrtum, daß Eisenbeton zu elastisch-bewegten Flächenbewegungen führt.«[83]

Das mag überspitzt oder sogar falsch formuliert sein, insofern
als der Beton als plastische Masse schon zu elastisch-bewegter
Formung anregt, ist aber als Hinweis auf die Schwierigkeiten,

---

83 Schumacher, l.c., p. 116

die dann bei der Realisierung solcher Formen auftreten, für die Kennzeichnung der Problematik im Betonbau wichtig und deckt sich mit der Stellungnahme Hilberseimers zum Einsteinturm.

»Einer der ersten Versuche solcher Neugestaltungen ist der von Erich Mendelsohn erbaute Einsteinturm in Potsdam. Im Gegensatz zu ... äußerlichen Markierungen ist hier der Versuch gemacht, den architektonischen Aufbau dieses sehr eigenwilligen Bauwerks aus dem Material zu entwickeln, die plastische Form unmittelbar selbst entstehen zu lassen, gewissermaßen aus dem Material heraus zu modellieren, ein Gestaltungsprozeß, der dem technischen Herstellungsprozeß der Betonbauweise allerdings nicht entspricht und vom Erbauer selbst längst überwunden sein dürfte.«[84] (Abb. 5)

Conrads und Sperlich wissen dazu zu berichten, daß der Einsteinturm »groteskerweise« hauptsächlich aus Ziegelmauerwerk besteht und wundern sich: »Dem alten Material werden Wirkungen abgerungen, die das neue (der Beton) müheloser geben könnte. Die gleiche ›Inkonsequenz‹ läßt sich an Gaudís Casa Milà in Barcelona beobachten, deren Fassade aus Haustеinen gemauert ist.«[85]

Grotesk ist der geschilderte Tatbestand nicht, weil hier aus künstlerischer Inkonsequenz, gewissermaßen aus Versehen, das falsche Material gewählt wurde, grotesk ist, daß wirtschaftliche und herstellungstechnische Überlegungen konsequent dazu führten, die durch ein neues Material und seine Möglichkeiten angeregten Formen mit konventionellen Mitteln und Methoden zu realisieren, eben weil das alte Material die Wirkung technisch »müheloser« gibt. Die weichen Formen des Einsteinturmes einzuschalen, wäre

---

84 Hilberseimer, Beton als Gestalter (Bauten in Eisenbeton), p. 17
85 Conrads und Sperlich, Phantastische Architektur, p. 35

Abb. 5

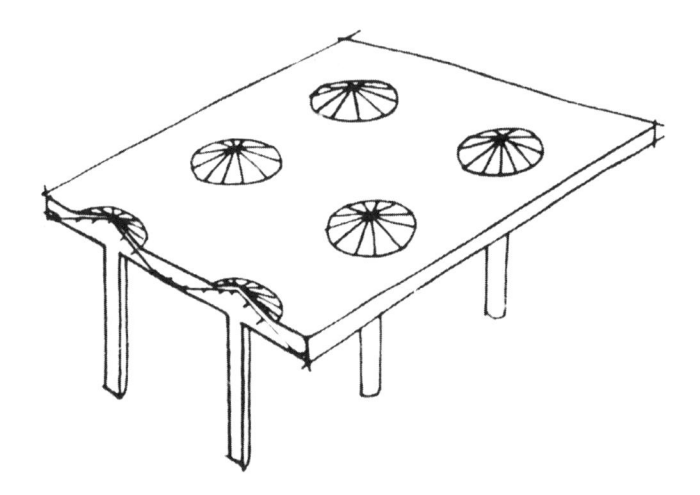

Abb. 6

so kompliziert gewesen, daß sich die Ausführung in Mauerwerk anbietet, obwohl die Formen aus den »reinen« Materialeigenschaften des Beton abgeleitet scheinen. Aber die aus der abstrakten Materialeigenschaft entwickelte Form kann so weit von aller Baubarkeit liegen, daß die Ausführung in anderen Materialien ökonomisch sinnvoll wird. Dies steht durchaus nicht im Widerspruch dazu, daß unter herstellungstechnischen Schwierigkeiten dann doch realisierte materialbestimmte Bauten als formale Aussage oft besonders deutlich und einleuchtend sind; die Herstellungsweise geht ja als »intellektueller Faktor« im Sinne Wölfflins nur sehr mittelbar in die ästhetische Beurteilung ein.

Man könnte im Hinblick auf den Stahlbetonbau geradezu eine Wechselbeziehung zwischen der Intensität und Deutlichkeit der Form und dem nötigen Schalungsaufwand vermuten und fände das durch eine Reihe von Indizien bestätigt, von denen hier einige folgen sollen.

Schon in früheren Stadien des Stahlbetonbaus wurden eine Reihe von Formen als besonders charakteristisch für die neue Konstruktion erkannt: »Von besonderer Bedeutung sind die Anschlüsse der Balken an die Stützen, die nach Maßgabe der zu übertragenden Lasten durch einen entsprechenden Trägeranlauf ausgeführt werden und zu den charakteristischen Formen der Eisenbetonbauweise führen.«[86] – »Dem Rahmenbau gibt die Voute als Verstärkung der Knickpunkte charakteristische Form. Es gibt rechteckige, aber auch beliebig vieleckige und gebogene Rahmen. Alle zeigen die typischen Verstärkungen, die den Dreieckverband anderer Konstruktionsarten ersetzen.«[87] Obwohl die Voute als für den Stahlbeton kennzeichnendes und konstruktiv sinnvolles Bauelement, das geeignet war, den

---

86 Hilberseimer, l.c., p. 8
87 Vischer, Betonbauten, l.c., p. 22

Kraftverlauf zu veranschaulichen und die konstruktiven Eigenarten des Materials deutlich zu machen, einen Ansatzpunkt zu sinnfällig ausdrucksvoller Gestaltung bot, hat der damit verbundene Schalungsaufwand und die leichtere Herstellbarkeit des geraden Anschlusses dazu geführt, daß sie kaum noch angewandt wird.

Auch die Pilzdecke ist ureigenstes Gebiet des Stahlbetonbaus und ihre charakteristische Erscheinungsform scheint aus den besonderen Eigenschaften und Möglichkeiten dieses Materials entwickelt. Bei ihr »ist Voraussetzung, daß die Deckenplatte nicht lose auf den Pfeilern ruht, sondern mit ihnen an den Pfeilerköpfen biegungsfest verbunden ist … Um diese Einspannung möglichst wirkungsvoll zu gestalten, ist es nötig, die Säulenköpfe pilzartig zu verbreitern.«[88] Torroja macht den Vorschlag – und er hat ihn baulich schon realisiert –, durch Umkehrung der Kapitelle und deren Anordnung oberhalb der Platte die glatte Deckenuntersicht zurückzugewinnen. »Das scheinbar nicht vorhandene Kapitell verbirgt man zwischen Platte und Fußbodenkonstruktion.«[89] (Abb. 6)

Die herstellungstechnischen Vorteile sind verblüffend: Die ebene Deckenunterseite ist einfach einzuschalen, die Kapitelle werden als kleine Betonhügel auf der Decke direkt geschüttet und seitlich angestampft. (Daß diese Konstruktionsmöglichkeit für deutsche Verhältnisse eventuell in Frage gestellt ist, durch die für Pilzdecken von Fall zu Fall vorgeschriebenen Betongüten und die dadurch bedingte große Plastizität des Betons, die ein seitliches Wegfließen der Betonkegel wahrscheinlich macht, ist hier von Nebeninteresse, weil an diesem Beispiel nur die in diesem Zusammenhang wichtige Tendenz veranschaulicht werden soll.) Die ökonomische Logik

88 Vischer, l.c., p. 49
89 Torroja, l.c., p. 174

ist zwingend, führt aber wieder einen Schritt von der konstruktiv einleuchtenden Gestaltung weg. Wie weit bei der Vorliebe für die ebene Deckenuntersicht ästhetische Vorurteile mitspielen, gehört in einen anderen Zusammenhang.

Einer der wesentlichsten Gründe für die Schematisierung der Formen im Stahlbetonbau aus ökonomisch-technischen Erwägungen heraus ist die Zweckmäßigeit der Wiederverwendung derselben Schalung, »die oftmals zur Einhaltung von Querschnitten oder Spannweiten gleicher Abmessungen führt, auch wenn hierzu größere Betonmassen verwendet werden müssen als notwendig wäre«[90]. Das naheliegendste Beispiel: der skelettierte Geschoßbau, bei dem in Analogie zu den mit jedem Geschoß abnehmenden Lasten die Abmessungen der Stützen sich stufenweise oder kontinuierlich verringern könnten, was aber erheblichen Schalungsaufwand bedingen würde und daher selten ausgeführt wird.

Es ist selbstverständlich, daß die Berücksichtigung dieser und ähnlicher Gesichtspunkte nicht nur auf Stahlbetonformen bestimmenden Einfluß hat, sondern daß bei der Betrachtung anderer Materialien parallele Erscheinungen zu beobachten sind und auch für Stahlbauformen etwa oft herstellungstechnische Überlegungen maßgebend sind: »Die Fachleute für geschweißte Konstruktionen wissen nur zu gut, wie weit sie die Notwendigkeit einer guten Schweißlage zwingt, die Form ihrer zusammengesetzten Schweißteile abzuändern, sorgfältig die mögliche Reihenfolge der verschiedenen Schweißverbindungen festzulegen und sogar Tragwerkstypen aufzugeben, die bei anderen Ausführungsarten oder mit besseren und kostspieligeren Mitteln absolut ausführbar wären.«[91]

90 Torroja, l.c., p. 218
91 Torroja, l.c., p. 223

Es ist aufschlußreich zu beobachten, wie sich parallele Überlegungen bei der Erstellung von Großbauten auswirken. Wie weit und wie oft die an und für sich eindeutige, deutliche und ingenieurmäßig korrekte Großform technischer Erstellungsprobleme wegen verfälscht werden muß und wie sehr die Forderung nach »sauberer Struktur« und »konstruktiver Ehrlichkeit« zum blassen Theorem werden kann, wie unsicher die Bezugspunkte dieser Forderung sind, läßt sich nicht nur an provinziellen Leistungen, sondern gerade an einigen der wichtigsten Bauten von Nervi und Torroja nachweisen.

Siegel hat die Widerlager der Flugzeughallen von Nervi eingehend untersucht.[92] Wenn man nur die aus dem Eigengewicht herrührenden Vertikallasten des Bogens berücksichtigt, ergibt sich als logische Auflagerform eine tangential an das Bogenende ansetzende Stütze. Die Notwendigkeit, Winddruck und einseitige Belastung und die daraus resultierende Richtungsänderung der Auflagerkraft zu berücksichtigen, zwingt dazu, die Auflagerstütze zum Fußpunkt hin zu verbreitern. Nervi hat als Widerlager für eine seiner Flugzeughallen einen aus zwei Stützen geformten Bock benutzt (Abb. 7), für einen anderen Hallentyp eine nach unten sich bogenförmig verbreiternde Stütze. Im ersten Fall ist der Verlauf der inneren Bockspreize, im zweiten Fall der der inneren Auflagerleibung viel steiler geneigt, als es zur Aufnahme der Windkräfte notwendig wäre. Diese Formung hat sich aus der Berücksichtigung des Erstellungvorgangs ergeben und ist nur für die Dauer der Montage konstruktiv sinnvoll und einleuchtend. Sie ist nötig, um der Hauptstütze so lange, wie die Konstruktion nicht vollständig und das statische System nicht geschlossen ist, Standsicherheit zu geben, sie vor dem Umfallen zu bewahren. Die beiden Funktionen,

---

92 Vgl. Siegel, l.c., p. 157

Abb. 7

Abb. 8

von denen – zeitlich hintereinander – jeweils nur eine wichtig ist, und von denen eine – das Abstützen während des Montagevorganges – zumindest von sekundärer Bedeutung ist, sind zu diesem Bauglied verschmolzen worden, dessen Form in ihrem Sinn nur von Experten erschlossen werden kann.

Glücklicher wird der Betrachter schon bei der Analyse des Palazzetto dello Sport in Rom, obwohl dort die gleiche Problematik auftritt, weil sich gleichzeitig eine Lösung anbahnt im Sinne einer Differenzierung und qualitativen Ordnung der beiden Funktionen. Der Ring in Richtung des Kuppelschubs geneigter Gabelstützen wurde auch erst stabil, als das System geschlossen war, und machte wieder eine Abstützung während des Bauvorgangs nötig; jede Gabel liegt auf einer senkrechten Hilfsstütze, die nach Fertigstellung des Bauwerks wieder funktionslos wird. »Nicht ohne Bedauern erzählt Nervi, daß aus Montagegründen auf diese Hilfskonstruktion nicht verzichtet werden konnte. Das fertige Bauwerk hätte ihrer nicht bedurft.«[93] (Abb. 8)

Wenn es auch dem Betrachter der Halle schwerfallen mag, diese Hilfskonstruktion (quasi degeneriertes und einbezogenes Lehrgerüst) im richtigen Zusammenhang zum konstruktiven Gefüge zu sehen und in ihrer Funktionslosigkeit zu durchschauen, so scheint ein qualitativer Fortschritt gegenüber den Flugzeughallenwiderlagern doch, daß die untergeordnete Bedeutung der Montagestützen dadurch veranschaulicht wird, daß sie – schwächer dimensioniert – optisch gegen die »eigentliche« Konstruktion abgesetzt werden.

Torroja bezeichnet es anläßlich der Schilderung eines von ihm konstruierten Stahlbetonbogens (Esla-Bogen, Martin-Gil-Viadukt)

---

[93] Siegel l.c., p. 157

als »übliche Praxis«, die es ermöglicht, weitgespannte Bögen ohne das kostspielige Leergerüst herzustellen, zunächst im freien Vorbau einen Stahlfachwerkbogen herzustellen. Aus diesem Stahlbogen wird durch stufenweises Betonieren der Stahlbetonbogen, so daß das Stahlfachwerk als Bewehrung in den fertigen Bogen eingeht.

»The centering is also designed that after its initial purpose has been served, it can continue to function effectively as permanent reinforcement of the concrete. For this second purpose, less steel is generally needed than for the actual centering of the arch.« [94]
(Abb. 9)

Daß der Bogen für alle Zukunft und für die eigentliche Aufgabe überbewehrt ist aus Gründen, die nicht in der eigentlichen Konstruktionsidee liegen, scheint das geringe Problem gegenüber der Tatsache, daß das zunächst erstellte Stahlfachwerk, das ganz anderen Formgesetzen unterliegt und ganz andere technische Möglichkeiten beinhaltet als der Stahlbeton, der optisch in Erscheinung tritt, Form und Charakter des Bogens bestimmt. Torroja selbst hat die formalen Eigentümlichkeiten des Stahlbetons, die Anpassungsfähigkeit an den Kraftverlauf durch Querschnittsveränderung etwa, deutlich gesehen und geschildert. Andererseits weist er immer wieder auf die Wichtigkeit ökonomisch-technischer Erwägungen hin und berücksichtigt sie. Das wurde an diesem Bogen deutlich und soll an einem weiteren Beispiel gezeigt werden.

Bei einer Brücke auf vier Stützen, die aus drei hintereinanderliegenden statisch voneinander unabhängigen Balken besteht, ergibt sich die logische Form des einzelnen Balkens aus seiner

---

94 Torroja, Structures, p. 71

Abb. 9

Abb. 10

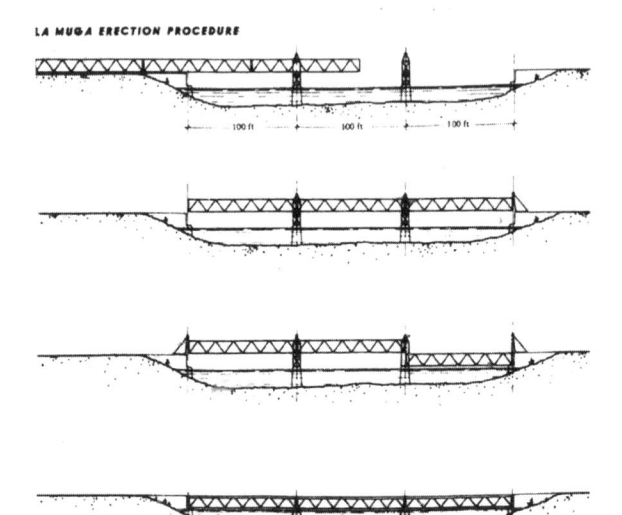

Abb. 11

statischen Funktion als auf zwei Stützen gelenkig aufgelegter Träger. Als Fachwerk würde eine Form, bei der die Trägerhöhe in Trägermitte, im Bereich der stärksten Belastung, am größten wäre und nach den Auflagerpunkten hin geringer würde, unmittelbar einleuchten. Torroja hat solche Brücken gebaut (Tordera-Brücke als Verbindungskonstruktion, Druckplatte aus Stahlbeton, Zuguntergurt und Fachwerkstäbe aus Stahl). (Abb. 10)

Interessant im Sinne der hier zu untersuchenden Problematik wird die Abwandlung dieses Brückentyps um herstellungstechnischer Vereinfachungen willen. Torroja schildert an Hand der Muga-Brücke, wie die drei hintereinander angeordneten Träger zunächst zu einem einzigen Fachwerkbalken von konstanter Trägerhöhe zusammengefaßt werden, der auf dem Festland hergestellt werden kann, dann von einem Ufer aus über Widerlager geschoben wird und erst in der endgültigen Lage in drei unabhängig voneinander wirkende Balken zerlegt wird.[95] (Abb. 11)

Natürlich ist die gleichbleibende Trägerhöhe nur für den während der kurzen Zeitspanne des Montagevorganges existenten Durchlaufträger charakteristisch und deckt sich keineswegs mit dem Strukturbild der fertigen Konstruktion. Wieder ist die wirtschaftlich-technische Logik zwingend; die Vorteile und Erleichterungen beim Bauvorgang – Ersparnis der Gerüste – sind erheblich. Trotzdem ist die Erscheinung durch außerhalb der eigentlichen Konstruktionsidee liegende Fakten und Überlegungen bestimmt. Die Forderung nach »konstruktiv ehrlicher« und logischer Gestaltung wird hier relativiert durch praktisch-ökonomische Erwägungen.

---

95 Torroja, Structures, p. 159

Die Vorfertigung von Baugliedern und -teilen, die in immer größerem Umfang industriell geschieht, wird erst bei Verwendung großer Mengen gleicher Teile wirtschaftlich interessant. Damit ist dann oft der Zwang zu vielseitiger Verwendbarkeit und modularer Ordnung der Einzelteile verbunden; ein Umstand, der theoretisch nicht notwendig den Forderungen nach materialgerechter und strukturell logischer Gestaltung zu widersprechen scheint, der aber in der Praxis nicht selten zu Produkten führt, die diesen Anschein erwecken.

Um ein geläufiges Beispiel zu zitieren: schon die industrielle Vorfertigung von Stahleinlagen für ebene Stahlbetonplatten in Form von Baustahlgewebe bedeutet gegenüber der aus den speziellen statisch-konstruktiven Verhältnissen abgeleiteten traditionellen Bewehrungsform aus einzelnen Eisen eine Schematisierung. Wenn in diesem Fall der Unterschied auch nicht augenfällig wird, werden doch eine Reihe von problematischen Punkten, die für die Vorfertigung kennzeichnend erscheinen, schon hier deutlich. Vor allem der größere Materialverbrauch, der sich daraus ergibt, daß die Bewehrungsform nicht mehr unmittelbar aus dem Kraftverlauf entwickelt wird, der aber durch die rationellere Herstellung und die einfachere Verarbeitung wirtschaftlich kompensiert wird.

Im großen Maßstab taucht dies Problem auf bei der Betrachtung weitgespannter räumlicher Fachwerke aus vorgefertigten Einzelteilen, wie sie etwa Konrad Wachsmann entwickelt hat. Von zahlreichen Kritikern und in verschiedenen Zusammenhängen ist auf die ungünstige Materialausnutzung beim räumlichen Fachwerk Wachsmann'scher Prägung, das aus einer Unzahl gleicher Stäbe oder aus wenigen Sorten untereinander gleicher Stäbe zusammengesetzt ist, kompetent hingewiesen worden.

»Von zufälliger Übereinstimmung und Wiederholungen abgesehen, ... wird ... in einer Konstruktion immer nur ein Stab statisch und wirtschaftlich voll ausgenutzt sein. Von tausend an verschiedener Stelle verwendeten gleichen Stäben werden also in einer Konstruktion 999 Stäbe statisch nicht voll beansprucht sein. Sie sind also überdimensioniert. – Wir sehen im Gegensatz dazu, daß die Knochenstruktur nicht zwei gleiche Fasern aufweist, sondern daß offenbar hier jede Faser der ihr zugewiesenen Beanspruchung ganz und gar entspricht. Das Prinzip des Montagebaus aus Fertigteilen, die einander alle gleich sind, steht also in diesem Fall ganz offenbar im Widerspruch zu einer ökonomischen Auslastung des Materials. Das trifft ganz besonders auf primär biegebeanspruchte Fachwerke zu. Die Beanspruchungen ihrer einzelnen Stäbe sind sehr unterschiedlich.« [96]

Zunächst kann man diesem Einwand mit dem Argument begegnen, daß der Materialaufwand durch die Vorteile der rationell durchgeplanten industriellen Fertigung wettgemacht wird.

In strukturästhetische Kategorien übertragen aber hätte sich die Kritik dagegen zu wenden, daß das Fachwerk aus gleichen Stäben keinerlei optische Anhaltspunkte bietet, die Rückschlüsse auf die tatsächlichen Kraft- und Lastverhältnisse erlauben. – Torroja zeigt, wie schon jeder einfache Fachwerkträger »das Netz der isostatischen Linien des Massivträgers zur Verformung und Schematisierung zwingt«[97] –. Konstruktiv einleuchtend und im Sinne der Materialausnutzung logisch wäre eine Auflösung des Trägers im Einklang mit den isostatischen Linien; aber die Notwendigkeit einfacher Fertigung zwingt zur Verformung und Schematisierung.

96 Siegel, l.c., p. 190
97 Torroja, l.c., p. 132

Dies läßt sich sinngemäß auf das räumliche Fachwerk aus gleichen Stäben übertragen und gilt hier in verstärktem Maße. Es ist in der Erscheinung anonym und indifferent wie die gegossene unterzuglose Platte; weder die Art der Auflagerung noch besondere Lasten und damit verbundene Momente beeinflussen das gestalterische Bild. Tatsächlich ist im Einklang mit der anonymen Erscheinung die charakteristische Eigenschaft dieses Tragwerks, die Anpassungsfähigkeit an verschiedenste Belastungsarten und -richtungen und die Fähigkeit, Überbeanspruchungen an einzelner Stelle durch Verbundwirkung und unter Heranziehung umliegender Bereiche aufzunehmen.[98] Wo diese Flexibilität und die Kraftreserven in Erwartung kurzfristig wirkender Punktlasten zur Aufgabe gehören, mag die Indifferenz als Ausdruck einer funktionellen Forderung, der Bereitschaft zur Anpassung an jeden denkbaren Spannungszustand, sinnvoll sein; den etwa aus gleichmäßig verteilten Dach- und Deckenlasten resultierenden eindeutigen Spannungsbildern im Hochbau entspricht sie selten.

Daß die sinnvolle Lösung der Frage der vollständigen Materialausnutzung nicht selbstverständlich die Lösung des ästhetischen Problems einbezieht, wird an einem frühen Beispiel angewandter Vorfertigung deutlich. Schon beim Kristallpalast von Paxton wurde aus der hier angedeuteten Kalamität heraus mit gußeisernen Säulen gleichen Außendurchmessers und verschiedener Wandstärke, mit gleich aussehenden Bindern aus Gußeisen, genietetem Schmiedeeisen und aus Holz gearbeitet, so daß die fertige Konstruktion faktisch der in den verschiedenen Teilen unterschiedlichen Beanspruchung angepaßt war;[99] allerdings ohne daß diese tatsächliche Anpassung an den Kraftfluß augenscheinlich

---

98 Vgl. Siegel, l.c., p. 190
99 Wachsmann, l.c., p. 12

geworden wäre, wobei uns heute natürlich die Herstellung des
gleichen Binders aus drei verschiedenen Materialien und das
damit verbundene Ignorieren jeden formbildenden Einflusses
des Materials besonders suspekt scheint.

Nicht nur ökonomische Überlegungen, sondern auch das angedeutete ästhetische Unbehagen führt zu Vorschlägen wie dem,
durch die Verwendung von Stäben verschiedenen Durchmes-
sers (nicht verschiedener Wandstärken bei gleichem Gesamt-
Durchmesser, was optisch nicht relevant würde) Kraftfluß und
Erscheinungsbild in eine ungefähre Übereinstimmung zu bringen
und das Spannungsgeschehen dadurch zu veranschaulichen,
daß man Kraftkonzentration durch Materialballung ausdrückt;
weniger beanspruchte Teile könnten dann im Gegensatz dazu
transparenter erscheinen. – Es schließt sich folgerichtig an die
bisherigen Ergebnisse von Wechselbeziehungen zwischen einer
dem Spannungsbilde möglichst genau angepaßten Konstruktion
und wirtschaftlich-technischer Logik, daß die größere Deutlichkeit
der konstruktiven Aussage mit herstellungstechnischen Komplikationen erkauft werden müßte.

Die angeführten Beispiele mögen genügen, um die Schwierigkeit,
die Forderungen der wirtschaftlich-technischen Logik mit denen
der »konstruktiven Ehrlichkeit« in der Baupraxis in Einklang zu
bringen, darzustellen aber die Untersuchung wäre unvollständig,
wenn nicht auf Parallelerscheinungen im theoretischen Bereich
hingewiesen würde.

Siegel weist nach, daß die Tatsache, daß bis heute der Kreisquer-
schnitt bei ausgeführten Zylinderschalen vorherrscht, nicht im
Wesen des Schalenbaues, sondern in der einfachen Geometrie und
der damit verbundenen leichten Baubarkeit begründet ist, zum

anderen aber in der klaren mathematischen Erfaßbarkeit der Kreisform.[100] Die bessere Zugänglichkeit für die Berechnung kann also ein ausschlaggebender Faktor für die Formenwahl sein, der mit der Sache selbst nichts zu tun hat.

Ein anderes Beispiel für die gleiche Problematik: »Der hyperbolische Paraboloid ist am leichtesten zu bauen und der einzige, der mit elementarer Mathematik bewältigt werden kann ... Angesichts der brauchbaren analytischen Methoden bin ich sehr pessimistisch, was die Verwendung völlig freier Formen in der Architektur angeht ... Freie Formen trotzen einfachen Berechnungen ... Der H.P. ist die einzige doppelt gekrümmte Fläche, die mit einfacher Statik berechnet werden kann. Das ist seine wirkliche Berechtigung und ein weit größerer Wert als die Schönheit seiner Form ...«[101]

Siegel hat die Problematik, die entsteht, wenn man bei der Formenwahl von dem jeweiligen Stand der statischen Erkenntnis ausgeht, präzis gesehen.

»Wir werfen heute, da diverse analytische, empirische und auch versuchsmäßige Methoden für die Berechnung von Schalen bekannt sind, die Frage auf, ob die Form durch Voraussetzungen, die nicht in der Sache, d. h. nicht in der Konstruktionsidee »Schale«, sondern letztlich nur in der immer beschränkt bleibenden Methode der Berechnung begründet sind, in irgendeiner Richtung beeinflußt werden darf? – Besteht nicht die Möglichkeit, daß die gebauten Formen das Opfer einer Voraussetzung werden, die zwar notwendig war, um unter bestimmten Umständen überhaupt

---

100 Siegel, l.c., p. 218
101 Candela, zitiert bei Siegel, l.c., p. 274

das mathematische Problem der Schalenberechnung anpacken zu können, die aber mit dem Naturgesetz der Konstruktion nicht zu tun hat?«[102] Hier wird auf Parallelerscheinungen im geistigen Bereich hingewiesen zu den Formbeeinflussungen, die sich – auch außerhalb der Sache liegend – im praktischen Bereich nachweisen ließen. Der wirtschaftliche Standpunkt, der sich auf die Baubarkeit bezieht, wird ins Geistige übertragen und auf die Berechenbarkeit bezogen.

Auf der Suche nach Beispielen für Bauwerke, bei denen die Form ganz im Einklang mit der Struktur steht, bei denen Bauform und Spannungsgeschehen sich nirgends widersprechen, stößt man kennzeichnenderweise auf die späten Bauten von Gaudí, bei denen diese Forderungen, dazu über unregelmäßigem Grundriß, in erstaunlichem Ausmaß erfüllt werden.

Das findet seine Erklärung einmal in einer statischen Methode, die nicht in die Versuchung führte, bestimmten Formen oder Systemen etwa deshalb den Vorzug zu geben, weil sie der Berechnung leichter zugänglich und geometrisch zu fassen waren. Zur Bestimmung der Richtungen von Stützen und Unterzügen ging Gaudí beim Entwurf der Kapelle von Santa Coloma zum Beispiel folgendermaßen vor: »Er fertigte mehrere Drahtmodelle an, die im freien Raum ein diagrammatisches Abbild der Belastungen und Druckkräfte in der Konstruktion der Kapelle von Santa Coloma gaben. An das Drahtskelett band er kleine Gewichte, von denen jedes der Last entsprach, die der analoge Bauteil tragen sollte. Der Zug, den die Schwerkraft dieser Gewichte ausübte, brachte die Drahtabschnitte in eine Position, die sich zu der gesuchten Position der entsprechenden Bauteile verhielt wie die Kräfteverhältnisse am Modell zu

---

102 Candela, zitiert bei Siegel, l.c., p. 274

denen am Bau. »Der Verlauf der Drähte, der sich dabei am Modell ergab, war infolge der Gewichte polygonal. Wird das Modell umgedreht betrachtet, so beschrieben die Drähte die Kurven, die von den Kräften bestimmt waren; folglich zeigte das Modell die logischen Konstruktionsarten des Gebäudes.«[103]

Jede entwurfliche Änderung, wurde sie an diesem statischen Modell durch Veränderung der Lasten, durch Versetzen oder Weglassen einer Stütze vorgenommen, änderte automatisch die Gesamtgestalt, hatte ihre Auswirkung auf die Position aller Konstruktionsteile, so daß das Modell wieder im Einklang mit der wie immer auch geänderten Struktur war.

Die direkte Übertragung dieser Entwürfe in die gebaute Wirklichkeit erfolgte nicht mit Hilfe moderner Bautechnik, die Gaudí in Spanien seiner Zeit nicht zur Verfügung stand, sondern mit den Mitteln des mit Jahrhunderte alter Tradition beladenen katalanischen Maurerhandwerks. Gaudí konnte seine komplizierten Raumgebilde nur in diesem Ausmaß konstruktiv-logisch realisieren, weil er sich nicht der modernen Bautechnik bediente mit ihrem Zwang zur Systematisierung und zur Berücksichtigung ihrer Herstellungsgesetzlichkeiten.[104] Eine Ausführung dieser Konstruktionen in Beton, so naheliegend und »materialangemessen« sie manchmal beim Anblick Gaudí'scher Häuser scheinen mag, wäre wegen der Komplikationen für Schalung und Bewehrung kaum möglich gewesen; nur die handwerkliche Ausführung erlaubte Gaudí, jede noch so kleine Last über eine ihr ganz individuell zugeordnete und beliebig dimensionierte Rippe abzuleiten.

103 Sebceney u. Sert, l.c., p. 75
104 Beim Einsteinturm war selbst noch in späterer Zeit und in technisierterer Umgebung bei der Realisierung komplizierter Formen die traditionelle Handwerkstechnik angewendet worden.

Es soll hier nicht behauptet werden, daß wirtschaftliche Logik und technischer Fortschritt notwendig im Sinne eines Naturgesetzes zu anonymer Formgebung und Abschwächung des Ausdrucks führen, wenn die Reihe der Beispiele, die eine solche Entwicklung belegen, auch beliebig verlängert werden könnte.

Es gibt Gegenbeispiele, bei denen ein Höchstmaß von Ökonomie und Technik mit einer einleuchtenden aus der Struktur entwickelten Bauform in Einklang gebracht worden ist. Man mag hier etwa an einige Bauten Nervis denken, auch wenn die Formprobleme hier insofern einfacher zu lösen waren, als es sich bei seinen besten Werken um vorwiegend druckbeanspruchte Bogenkonstruktionen handelt, die wegen der gleichartigen Beanspruchung in allen Einzelteilen leichter zu bewältigen sind, als auf Biegung beanspruchte Konstruktionen.

Auch daß die Modellstatik allgemein an Bedeutung gewinnt,[105] läßt hoffen, daß die Grenzen, die durch die mathematische Erfaßbarkeit bedingt sind, sich erweitern oder wegfallen.

Zumindest aber ergab die Untersuchung, daß ein Gewinn an technischen und materiellen Mitteln nur durch eine entsprechende Steigerung der schöpferischen Disziplin künstlerisch zu bewältigen ist. Daß die ästhetische Bewältigung der technischen Entwicklung in weitem Abstand folgt, war immer so und brauchte nicht bedenklich zu stimmen; daß aber nur wenige ernsthafte Versuche in dieser Richtung unternommen werden, befremdet zumindest. Die überall und mit Nachdruck erhobene Forderung nach »konstruktiver Ehrlichkeit« ist nur dann sinnvoll, wenn gleichzeitig ihr Verhältnis zum jeweiligen Stand der

---

[105] In Italien etwa durch das Institut für experimentelle Modellstatik in Bergamo.

technischen Entwicklung kontrolliert wird. Der Fortschritt auf allen technischen Gebieten stellt die theoretischen Fixpunkte von heute eventuell von morgen in Frage, so daß die Bezugspunkte einer Strukturästhetik ständig auf ihre Geltung hin überprüft sein wollen und möglicherweise jeweils neu geklärt werden müssen. Der pauschale Ruf nach »konstruktiver Ehrlichkeit« ist nichtssagend.

Dissertation

Manipulation des Konstruktiven

Auch die Gestalt der Bauten, deren Erscheinungsbild stark von der Konstruktion bestimmt wird, ist wohl meist nicht ausschließlich aus der struktiven Idee abgeleitet, sondern beruht auf allgemeineren formalen Vorstellungen. Hier soll gefragt werden, wie weit die Konstruktion um dieser allgemeineren Formvorstellungen willen manipuliert werden kann.

»Die Zurschaustellung struktureller Mittel und Elemente ist verschiedentlich in der Entwicklung jüngst vergangener und zeitgenössischer Architektur in den Vordergrund getreten. Nach einer asketischen und ornamentfeindlichen Periode wird regelhafte und gefällige struktive Konfiguration plötzlich wieder ein höchst willkommener Vorwand, ausgehungerten Seelen etwas dekorativ Erquickliches bieten zu dürfen. »Ökonomie und Rationalität« werden dabei zum Alibi einer oft etwas infantilen »Mythologie des Konstruktiven«. Selbstherrlicher Konstruktivismus, die Romantik der Baumechanik, fühlt sich dabei aber ganz besonders »modern-wissenschaftlich-sachlich«, ja als das höchste Ziel.« [106]

Es dürfte nicht schwerfallen, aus allen Bereichen architektonischen Schaffens Beispiele zu zitieren, die Neutras Polemik rechtfertigen. Die gleiche Entwicklung läßt sich auf dem Gebiete des Möbelbaus nachweisen. »Und es beginnen – losgelöst von aller technischen Zweckhaftigkeit – technoide Formen zu entstehen. Glaubte man sich in den Frühzeiten des Konstruktivismus beim Anblick mancher Geräte und Möbel an technisches Arbeitszeug erinnert, so ist man heute, angesichts vieler Apparaturen nicht sicher, ob man es nicht vielleicht mit einem Kunstwerk zu tun hat ... Denn längst sind die Profile dieser schimmernden Winkeleisen nicht mehr nach konstruktiven Überlegungen gewählt.

106 Neutra, Mensch und Wohnen, p. 23

Sie sind »Form« geworden …[107] Die Fälle, in denen die technisch anmutende Form nicht aus der Sache entwickelt, sondern absichtsvoll aus dem gegenwärtig breiten Angebot solche Formen nur g e w ä h l t worden ist, sollen außer acht bleiben. Man mag solches Vorgehen legitim oder bedenklich finden, für eine sachliche Diskussion bieten sich – eben weil die Überlegungen, die der Formenwahl vorausgingen, rein »gestalterischer« Natur waren – kaum Ansatzpunkte.

Aufschlußreich aber sind alle Fälle, in denen eine offensichtlich aus statischen und konstruktiven Bedingungen entwickelte Struktur ins Dekorative umschlägt. Diese Erscheinungen sind einmal interessant, weil sie historisch die Präzedenzfälle einer schließlich nur noch dekorativ bestimmten Formenwahl bilden, der sie auch das Alibi liefern, zum andern, weil sie noch mit den Kriterien der »konstruktiven Ehrlichkeit« fassbar sind, auf die sie sich zumeist berufen.

Mies van der Rohe hat beispielsweise bei den Lake Shore Drive Apartmenthäusern – Wohntürmen in Chicago – das tragende Stützenskelett gegen die außen davor befindlichen schwächeren Metallprofile abgesetzt, die die Glaswände gegen Winddruck aussteifen sollen und zur Befestigung der Fensterelemente nötig sein mögen, und die dann auch logisch oberhalb des ebenerdigen Luftgeschosses enden (Abb. 12). Weniger logisch ist, daß sich diese aus Aussteifungsprofile nicht nur zwischen den Hauptstützen, sondern auch vor diesen befinden, wobei sie unmittelbar an der tragenden Stütze befestigt sind. Die Funktion als Aussteifung entfällt an dieser Stelle, als Fensteranschlag dienen sie ebenfalls nicht. Hier degenerieren die zunächst konstruktiv bedingten Profile zum Dekor (Abb. 13).

107 Magnum 38, Okt. 61, p. 47

Dissertation

Abb. 12

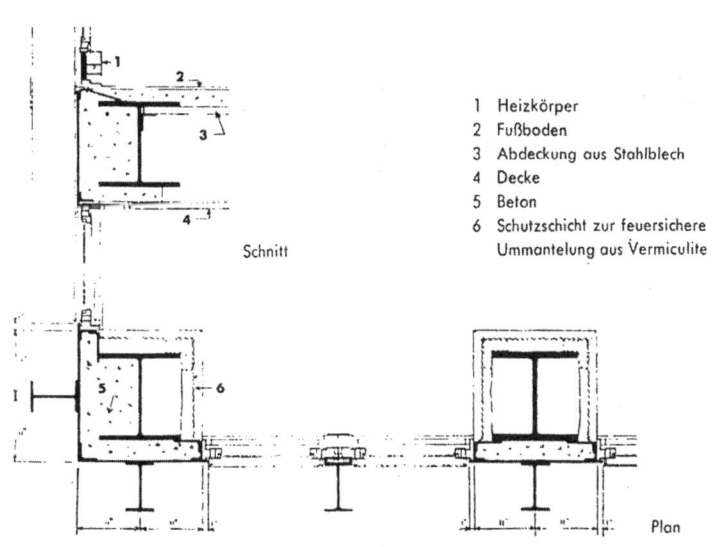

1 Heizkörper
2 Fußboden
3 Abdeckung aus Stahlblech
4 Decke
5 Beton
6 Schutzschicht zur feuersichere Ummantelung aus Vermiculite

Schnitt

Plan

Abb. 13 **Apartmenthäuser, 860 Lake Shore Drive, Grundriß und Schnitte**

Selbst Interpretationsversuche, die ihnen an dieser Stelle zumindest einen konstruktiv-symbolischen Sinn zuweisen wollen – als Markierung der Rasterachse, als Hinweis auf die dahinter befindliche Stütze – sind kaum stichhaltig; würde doch die tragende Stütze und damit die Struktur viel klarer in Erscheinung treten, wenn sie nicht hinter dem gleichförmigen Vorhang der Aussteifungsprofile verschwände. Das Bemühen um gleichmäßiges Fassadenrelief war das übergeordnete formale Wollen. Die Frage lautete nicht: mehr oder weniger deutliche Struktur, sondern gegliederte Fläche (durch die in Erscheinung tretenden Hauptstützen) oder möglichst gleichmäßig profilierte Fläche. Als die Entscheidung zugunsten der letzteren gefallen war, war die punkthafte Pervertierung eines eigentlich konstruktiven Glieds ins Ornament, die Benutzung eines Aussteifungsprofils als Flächengliederung, dort, wo nichts auszusteifen war, das geeignete Mittel, die formale Vorstellung zu realisieren.

Eine im Grunde ähnliche Erscheinung, quasi die Umkehrung der geschilderten Entwicklung von Dekorationsformen aus der Konstruktion, ist der häufig unternommene Versuch, konstruktiv passive Bauglieder zu Strukturelementen aufzuwerten und konstruktiv beziehungsvoll zu verwenden.

Vorgehängte Fassaden sind in dieser Hinsicht früh als problematisch erkannt worden. »Beim Ateliergebäude des Dessauer ›Bauhauses‹ von Gropius werden Auskragungen des Eisenbetongerüstes dazu benutzt, um riesige Schürzen aus Glas unsichtbar zu tragen, so daß man zwar verblüfft wird, aber es doch unbehaglich empfindet, wie der dekorative Effekt der glitzernden Flächen an die Stelle eines statisch haltbaren Gefüges tritt. Das sind artistische Kunststückchen, die geistreich sein mögen und deshalb viel bewundert sind, die aber als wegweisende Leistung genommen in die Irre führen.«[108]

Die Einschätzung der Bauhausfassade als geistreiches Unikum und die Annahme, daß sie eben deshalb als Vorbild untauglich sei, weil es ihr an strukturellem Gefüge mangle, haben sich als falsch erwiesen. Aber das Unbehagen an ihrer »Unstruktur« ist noch weit verbreitet, nur daß heute niemand aus diesem Grunde dafür plädieren würde, sie am Bau zu vermeiden, sondern daß der Versuch gemacht wird, sie in Form und Charakter zu modifizieren.

Siegel befürchtet, daß bei vorgehängter Fassade die eigentliche Konstruktion bedeutungslos wird, daß »die Aufspaltung der Baukonstruktion in Tragwerk und vorgehängte Fassade einen Zerfall der Architektur in dienende Tragkonstruktion und vorgehängte Kulisse nach sich zu ziehen«[109] droht. Da er Gestaltungsansätze aus anderen Bereichen, als dem der Konstruktion nicht anerkennt oder solche ihm zumindest dubios erscheinen, sieht er das Heil darin, »Skelett und Vorhangwand als zusammenhängende Strukturform«[110] aufzufassen. »Die Vorhangwand aus industriell vorgefertigten Teilen, die bei aller Qualität im Detail beziehungslos an einem Tragwerk hängt, garantiert noch keine Strukturform, geschweige denn eine gute Architektur«[111]. – Natürlich nicht; »Strukturform« will sie nicht sein, und welche Bauweise »garantiert« schon gute Architektur? Nach Siegel »... hängt alles davon ab, die Beziehung zwischen der Außenhaut und dem Skelett zu erhalten«[112]. »Zwar gibt es ausgeführte Beispiele, bei denen die Teilung der

108 Schumacher, l.c., p. 148
109 Siegel, l.c., p. 13
110 Siegel, l.c., p. 13
111 Siegel, l.c., p. 52
112 Siegel, l.c., p. 52

Vorhangwand willkürlich über die Stützanteilung hinweggeht, aber das ist das Gegenteil von dem, was wir in der strukturellen Bindung suchen.«[113] Das sind Forderungen, die einleuchtend klingen, deren Voraussetzung aber fraglich erscheint. Die Aufgabe kann kaum sein, »die Beziehung zwischen Außenhaut und Skelett zu e r h a l t e n«, da es eine solche Beziehung zunächst nicht gibt. (Es sei denn, man will die Tatsache, daß die Vorhangwand in regelmäßigen Abständen am Skelett verankert sein muß, zu einer »Beziehung« überhöhen). Die »zusammenhängende Strukturform« ist keineswegs konstruktive Gegebenheit, sondern Ziel eines formalen Wollens, das unbedingt Stützenabstände von fern ablesen will, auch wenn die Stützen selbst nicht sichtbar sind; das bedeutet, die Fassade soll (etwa durch nicht in der Sache begründete unterschiedliche Dimensionierung der Fensterprofile oder durch ihre »willkürlich« und zufällig auf das dahinterliegende Stützensystem Bezug nehmende Aufteilung), wiewohl sie in sich selbständig ist, zumindest »konstruktiv-symbolische« Hinweise auf die dahinterliegende Struktur erhalten und in einen absichtsvollen und künstlichen Zusammenhang mit ihr gebracht werden. Würde doch der logische Gedankengang zur Forderung führen, daß gerade die Unabhängigkeit der Fassade vom Skelett herausgearbeitet werden müßte, gerade der Umstand, daß sie Vorhang ist und sonst gar nichts. Es gilt darum, alle Strukturierungen zu vermeiden, die auch nur den Verdacht nahelegen, daß die vorgehängte Fassade so etwas wie Konstruktion sei oder damit zu tun habe und die damit die tatsächlichen konstruktiven Verhältnisse verunklären müssen. Der Wunsch, die Struktur erlebbar zu machen, könnte bestenfalls nahelegen, die Vorhangwand so transparent und feingliedrig wie irgend möglich zu gestalten, um das konstruktive System direkt in Erscheinung treten zu lassen.

113 Siegel, l.c., p. 67

»Zurschaustellung struktureller Mittel« in dem Sinn, in dem Neutra sie angreift, ist auf manche Art denkbar und kann schon in der überpointierten Durchbildung und Verwendung konstruktiver Formen liegen. »Die Holzfügung am japanischen Holztempel ist sichtbar belassen, aber nicht auf Betrachtung berechnet; der ›Mehrzwecktisch‹ mit Glasplatte, durch die man die absichtlich wuchtige Zargenkonstruktion sehen soll, operiert bewußt mit dem Reiz des Schreinermäßigen: die Glasplatte ist im Grunde nichts anderes als die Vitrine, in der das Holzgefüge ausgestellt wird.« [114]
(Abb. 14)

Nicht, daß sinnvoll konstruieren heißt, immer das Naheliegendste zu tun; aber wo der Aufgabe unangemessener konstruktiver Aufwand absichtsvoll zur Schau gestellt wird, kommen dekorative Werte ins Spiel. Ähnlich bedenklich wirkt die Verwendung der für die Überdeckung großräumiger Hallen entwickelten Fachwerkteile für kleine Bauvorhaben. Bei Wachsmann findet man einen derartigen Vorschlag für einen Tuberkuloseheilpavillon [115] (Abb. 15). Ausgangspunkt ist hier nicht die Entwurfsaufgabe, sondern das vorhandene und für andere Zwecke entwickelte System und der Versuch, es auch auf diese Aufgabe anzuwenden; wobei sich schwerlich eine Bauaufgabe vom Pförtnerhaus bis zur Kleinstwohnung denken läßt, die man nicht zwischen die gestaltbestimmende Fachwerkstruktur hängen kann, aber andererseits auch kaum ein so kleines Projekt vorstellbar ist, daß aus sich heraus die Entwicklung einer so großmaschigen Struktur nahelegte. Eine derartige Überbetonung des Konstruktiven in der Erscheinung gehört in den Bereich des Absichtsvoll-Dekorativen.

114 Magnum 38, Oktober 61, p. 48
115 Wachsmann, l.c., p. 212

Abb. 14

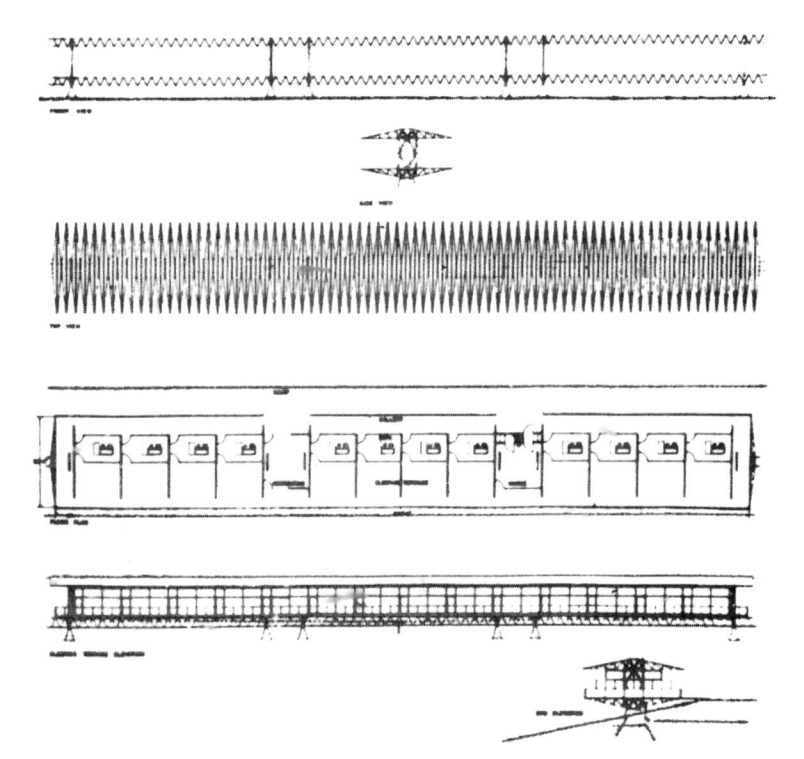

Abb. 15

Eine spezielle Form der Manipulation des Konstruktiven ist der Versuch, mit Hilfe von Konstruktionsformen gefühlsmäßige oder gedankliche Assoziationen im Betrachter zu wecken. Man spricht in der Kunstkritik im Allgemeinen – wohl am häufigsten auf die Malerei angewandt – im abwertenden Sinne von der »literarischen Komponente« in einem Kunstwerk, wenn platt gegenständlich-inhaltliche Assoziationen bei der Betrachtung des Werks wesentlich werden. Daß dieser Begriff auch im Bereich des Bauens gültig ist, daß man mit einiger Berechtigung von »literarischer Architektur« sprechen kann, soll mit einigen Beispielen belegt werden, für die alle der Ausspruch von Hilberseimer gilt:

»Es ist charakteristisch für diese Arbeiten, daß sie von einem starken persönlichen Formenwillen getragen sind, der das Konstruktive zur Realisierung dieser Formvorstellung benutzt.« [116]

Als kennzeichnendes Beispiel, bei dem »die konstruktiven Möglichkeiten des Stahlbetons den formalen Absichten untergeordnet sind«, führt Hilberseimer Bartnings Sternkirche an.[117] Hier wird ein konstruktiv bestimmter und in sich logischer Formenkanon entwickelt, wobei eigenartigerweise das Ergebnis ein gotisierendes Raumbild ist. Auch für Bartnings Kirche gelten die Worte, die Pevsner zur Charakterisierung der Kirche St. Jean de Montmartre von Baudot findet, von der er sagt, daß sie »obgleich sie nicht geradezu gotische Bauformen nachahmt, doch versucht, vermittels des Betons Gefühlskräfte auszudrücken, die der mittelalterlichen Kathedrale innewohnen«[118].

116 Hilberseimer, l.c., p. 17
117 Hilberseimer, l.c., p. 17
118 Pevsner, l.c., p. 104

Ganz deutlich – auch als theoretische Arbeitsgrundlage – tritt dieser Hang zur »Literatur« etwa bei Schumacher auf, wenn ihm konstruktive und funktionelle Ausgangspunkte für die Gestaltung nicht ausreichend scheinen. Seine Bauten (besonders die Krematorien) belegen denn auch, daß er die notwendige »Beseelung« der aus konstruktiven und funktionellen Bedingungen entwickelten Form additiv versteht, etwa als Stilisierung dieser Formen auf expressiven und assoziativ bedingten »Gehalt« hin.[119] – Kennzeichnend, daß er gerade der Kirche in Berlin-Wilmersdorf von Höger ein »charakteristisches modernes Raumbild«[120] nachsagt, deren spitzbogige Stahlbeton-Binderform – wie richtig die Bewehrung auch angeordnet sei – doch weniger aus sachlichen Überlegungen hervorgegangen scheint als aus der Anlehnung an mittelalterlich-gotische Wölbformen um der sakralen Wirkungen willen. (Abb. 16)

Daß es sich hierbei nicht nur um ein Phänomen aus der »Pionierzeit des Stahlbetons« handelt, wird an manchem neueren Bauwerk deutlich. Als Beispiel mag die Ponte de Suart Kirche (1952) von Torroja genügen, von der er sagt, er habe versucht »... to build a church that would be modern and constructed in accordance with present-day construction techniques, yet not to mark a break with time-honored Catholic tradition ...«[121] (Abb. 17)

Es ist keine Frage, das das Schalenensemble, das die Kirche bildet, bis in die Einzelheiten hinein statisch sinnvoll geformt und angeordnet ist. Torroja weist den konstruktiven Sinn aller Einzelteile und -formen überzeugend nach. Es stimmt nur bedenklich, daß die Schalen trotzdem nicht in dieser Form entstanden sein können, ohne daß dabei der Gedanke an mittelalterliche

119 Schumacher, l.c., p. 127
120 Vgl. Schumacher, l.c., p. 46
121 Torroja, Structures, p. 169

Dissertation

Abb. 16

Abb. 17

Abb. 18

111

Kathedralformen als letztes Korrektiv gewirkt hätte (»... time-honored Catholic tradition ...«). Wo modernen Konstruktionsmitteln Gewalt angetan wird, um historisch bestimmte Raumwirkungen zu erzielen, ist sich die Kritik schnell einig. Daß die gestalterische Grundhaltung romantisch-sentimental sein kann, auch wenn sie sich mit moderner Bautechnik im Einklang befindet, ist weniger unbestritten.

Als außerhalb unseres eigentlichen Untersuchungsbereiches liegendes Indiz für die Richtigkeit unserer These mag die Tatsache dienen, daß die Architektur der Torroja-Kirche dort, wo sie nicht mehr durch moderne Konstruktionen an unsere Zeit gebunden ist – etwa in der Fassade –, rein historisierend ist, quasi zum historischen Zitat degeneriert. (Abb. 18)

Selbst wenn man künstlerische Unbefangenheit unterstellen wollte und annähme, daß ein rein sachbezogener Formungsprozeß zu historisch beziehungsvollen Formen geführt hätte, bliebe zu fragen, ob diese Formen dann nicht allein ihrer formalen Anklänge wegen jedenfalls zu vermeiden wären. Die Frage läßt sich präziser stellen, wenn man sich auf den nur-konstruktiven Bereich beschränkt. Die parabolische Querschnittsform ist die konstruktiv beste Form für die Ableitung des Gewölbeschubs und damit als logischster Ausdruck für ein bestimmtes Tragverhalten – das des Gewölbes – formal okkupiert. Als Querschnitt eines Schalenträgers ist die parabolische Form wie manche andere zwar denkbar (... obwohl sie innerhalb der Konstruktion gewölbeartigem Tragverhalten Vorschub leistet ...), weil Tragwirkung des Schalenträgers in Längsrichtung der Krümmungsachse erfolgt. Man kann also nicht behaupten, sie sei eindeutig »falsch«. Siegel bezeichnet sie lediglich als »nicht typisch für die Zylinderschale«[122]. Man muß aber, weil sie Assoziationen an bestimmte allgemein begriffene Tragverhalten, an die Wölbewirkung, wachruft und damit das Verständnis der neugefundenen konstruktiven Formen erschwert, ihre Verwendung als Querschnittform für Schalenträger irreführend finden.

»Die Assoziationen machen das ästhetische Erfühlen leicht verschwommen und unsicher, lenken es vom Gegenständlichen weg und verleiten es zur Oberflächlichkeit ... man müßte von bisher ganz vernachlässigten Assoziationen des Augeneindrucks und der Augenklarheit mit schon früher empfangenen optischen Wahrnehmungen sprechen, die als geprägte Eindrücke im innern Gesicht fortschlummern und je nach ihrem Charakter und ihrer Intensität die Aufnahme des Kunstwerks erleichtern oder erschweren ... «[123]

»... ein Kunstwerk wird ästhetisch umso wertvoller, je mehr sich seine Schönheit aus sich selbst und nicht aus Gedankenreihen von anderswoher kundgibt.«[124]

Es haben sich also verschiedene Arten der Manipulation des Konstruktiven als möglich erwiesen, von denen zwei vielleicht besonders kennzeichnend für die Problematik waren. Für beide gilt, daß die Konstruktion zwar Anhaltspunkt für die Formgebung ist, der eigentliche gestalterische Ausgangspunkt aber in einem anderen Bereich liegt: Entweder geht es darum, bestimmte Assoziationen – zumeist historisch-formaler Art – beim Betrachter hervorzurufen und damit eine Wirkung zu erzielen, oder es spielen »übergeordnete« formale Gesichtspunkte eine

---

122 Siegel, l.c., p. 223
123 Fechner, Vorschule der Ästhetik, p. 212
124 Sörgel, l.c., p. 53

Rolle – das Bemühen um gleichmäßig differenziertes Fassadenrelief etwa oder andere Überlegungen. Eindeutige Aufschlüsse am Detail ergeben sich aber selten, und meist kommen die in dieser Hinsicht fragwürdigen Bauten, wie wir an Beispielen gesehen haben, im konstruktiv logischen Gewande einher. Dadurch wird eine eindeutige ästhetische Entscheidung und kritische Einordnung in diesem Bereich oft schwierig.

Schluß

Das Ziel der Arbeit war, die Frage zu klären, ob das Bemühen um »konstruktive Ehrlichkeit« bei der Entwurfsarbeit automatisch zu ausdrucksvollen und unmittelbar ansprechenden Bauformen führt oder in welcher anderen Weise eine Beziehung zwischen »konstruktiver Ehrlichkeit« und sinnfälliger Bauform besteht; wann die Frage nach der »konstruktiven Ehrlichkeit« bei der Betrachtung von Architekturformen ein wichtiges Kriterium ästhetischer Wertung ist und wann der Begriff zum Schlagwort wird.

Da eine pauschale Antwort auf die Frage nicht möglich war, wurde, nachdem zunächst die historische Bedingtheit des Begriffs durch eine Betrachtung des Bedeutungswandels in den letzten hundert Jahren geklärt worden war, das Problem in drei Einzelaspekte aufgelöst.

Die Untersuchung des Zusammenhangs zwischen »konstruktiver Ehrlichkeit« und sinnfälliger Formgebung ergab, daß »konstruktive Ehrlichkeit« an sich noch keine künstlerische Qualität bedeutet, weil jede wie auch immer gefundene Form zunächst direkt auf den Betrachter wirkt. Das meint, auch die konstruktiv logische und sinnvolle Form, das im Einklang mit der statischen Beanspruchung geformte und im richtigen struktiven Zusammenhang stehende Bauglied wirkt nicht wegen dieser Qualitäten, die nur intellektuell erschlossen werden können auf den Betrachter, sondern nur, wenn es darüber hinaus aus einem tiefergehenden Materialverständnis heraus zu einer Form stilisiert ist, die die konstruktive Situation verdeutlicht und unmittelbar anschaulich macht.

Bei der Betrachtung des Problems, wie weit wirtschaftlich-technische Logik formbeeinflussend wirken kann, stellte sich heraus, daß es selten möglich oder sinnvoll ist, die aus Materialverständnis und statischen Überlegungen entwickelte Form unmittelbar und unverändert zu verwirklichen, daß unsere modernen Baumethoden oft sehr ausgeprägte Eigengesetzlichkeiten haben, die zwar ignoriert werden können, was zumeist erhöhten technischen Aufwand bedeutet, die aber stark formbestimmend sein können, wenn sie berücksichtigt werden. Wir haben gesehen, daß es gerade hier einen weiten Spielraum gibt von der um jeden Preis verwirklichten Materialform (Einsteinturm von Mendelsohn) über Bauten, bei denen der Erstellungsvorgang mit formbestimmend war (Palazzetto dello Sport von Nervi), bis zu Bauten, die nur noch aus der Montagesituation heraus formal verständlich sind (Muga-Brücke von Torroja). Die Beantwortung der Frage, wie weit man bei der Formung im Einzelfall die Herstellungsgesetzmäßigkeiten berücksichtigen kann oder muß, setzt eine intensive Kenntnis eben dieser Gesetzmäßigkeiten voraus.

Im letzten Abschnitt schließlich ergab sich, daß die Konstruktion häufig zum Objekt formaler Manipulation wird; etwa dadurch, daß Formen, die zunächst aus konstruktiven Gegebenheiten heraus entwickelt worden sind, als mehr oder weniger beliebig verwendbares Motiv genommen werden, um damit bestimmte formale Wirkungen zu erzielen oder bestimmte gedankliche Assoziationen hervorzurufen. Oft wird mit modernen konstruktiven Mitteln an historische, meist an ganz bestimmte Inhalte gebundene Formen erinnert.

Aus diesen Erkenntnissen lassen sich natürlich keine Rezepte für die künstlerische Bewältigung baulicher Probleme ableiten. Schon weil es sich hier nur um einen sehr engen Aspekt handelt, unter dem die Bauwerke betrachtet wurden und weil die Frage nach der Rangordnung der Gesichtspunkte, die heute bei der architektonischen Arbeit wichtig sind oder sein können, im Rahmen dieser

Arbeit offen bleiben muß. Daß der Begriff der »konstruktiven Ehrlichkeit« bei der Analyse von Bauten innerhalb unserer Untersuchung die wichtigste Rolle spielte, ergibt sich einzig aus der Themenstellung und soll keineswegs die Frage nach der Wichtigkeit der verschiedenen Gesichtspunkte zugunsten des formal-konstruktiven beantworten. Es war hier nicht die Absicht zu klären, welches Gewicht überhaupt man konstruktiv-gestalterischen Argumenten beimessen sollte neben räumlichen, funktionellen, soziologischen und anderen Aspekten, schon weil die Lösung dieses Problems immer viel Subjektives enthalten wird und es hier nicht um persönliche Bekenntnisse ging, sondern darum, die konstruktiv-formalen Überlegungen, die heute aktuell sind, in ihrer Bedingtheit zu zeigen.

Es ist deutlich, daß man Bauten wie der Kapelle in Ronchamp von Le Corbusier oder dem Hochhaus von Mies van der Rohe nicht gerecht wird, wenn man sie nur unter dem Aspekt der Übereinstimmung von Konstruktion und Form sieht, sie nur mit der Elle der »konstruktiven Ehrlichkeit« mißt, sondern daß andere Kriterien hier für die Beurteilung wesentlicher sind. Auch betrafen unsere Überlegungen nur ein in unserem Zusammenhang wichtiges Detail, und es ging nicht darum, eine erschöpfende ästhetische Würdigung der beiden Bauten zu erarbeiten. Zweifellos ist bei der Betrachtung des Mies-Hochhauses das gleichmäßige Fassadenrelief wichtiger als die strikte Verwirklichung struktiver Gesetzmäßigkeiten, zweifellos wäre es aber ein ästhetischer Gewinn, wenn sich der angestrebte formale Eindruck auch im vollständigen Einklang mit dem struktiven Gefüge hätte erreichen lassen, genau wie es der Kapelle von Le Corbusier auf keinen Fall Abbruch getan hätte, wenn die Massigkeit darstellende Außenwand im Einklang mit dem optischen Eindruck massiv gewesen wäre.

Wenn sich die Ergebnisse unserer Betrachtungen auch nicht zu eindeutigen Maximen konzentrieren lassen, kann man abschließend doch einige Gesichtspunkte herausstellen, die kritisch gegeneinander abgewogen werden müssen. Wer das Postulat der »konstruktiven Ehrlichkeit« für verbindlich hält, dürfte sich nicht mit dieser intellektuellen Forderung zufrieden geben, die zunächst noch nicht auf künstlerische Qualität, sondern bestenfalls auf eine moralische (»Ehrlichkeit«) abzielt. Er müßte versuchen, im Einklang mit den konstruktiven Gegebenheiten die richtige Form zur deutlichen zu stilisieren, die intuitiv erfaßbar und in ihrem. Sinn unmittelbar einleuchtend ist; er dürfte sich nicht mit Formen begnügen, die in ihrem Sinn nur vom Fachmann intellektuell erschlossen werden können. Zudem müßte man prüfen, ob diese aus den Materialeigenschaften und der Konstruktionsidee direkt entwickelte Form unmittelbar verwirklicht werden kann oder ob die Gesetzlichkeiten der Herstellung eine Modifizierung bedingen und wie weit diese Modifizierung gehen kann, ohne die ursprüngliche Idee zu verunklären oder gänzlich zu verdrängen.

Literatur

Ahlers-Hestermann, F.:	Stilwende, Berlin 1956
Alberti, L. B.:	Zehn Bücher über die Baukunst, Leipzig 1912 Original: »De re aedificatoria«, Florenz 1485
Beenken, H.:	Das allgemeine Gestaltungsproblem in der Baukunst des deutschen Klassizismus, München 1920
Behrendt, W. C.:	Der Kampf um den Stil in Kunstgewerbe und Architektur, Berlin 1920
Behrendt, W. C.:	Der Sieg des neuen Baustils, Stuttgart 1927
Behrens, P.:	Über die Beziehungen der künstlerischen und technischen Probleme, Berlin 1917
Behrens, P.:	Das Ethos und die Umlagerung der künstlerischen Probleme, Darmstadt 1920
Berlage, H. P.:	Grundlagen und Entwicklung der Architektur, Berlin 1908
Berlage, H. P.:	Gedanken über Stil in der Baukunst, Leipzig 1905
Bill, M.:	Form, Basel 1952
Bill, M.:	Robert Maillart, Zürich 1955
Bonatz, P. u. Leonhardt, F.:	Brücken, Königstein i. T. 1951
Brinkmann, A. E.:	Welt der Kunst, Baden-Baden 1948
Burchartz, M.:	Gleichnis der Harmonie, München 1949
Conrads, U. u. Sperlich, G.:	Phantastische Architektur, Stuttgart 1960
Dehio, D. K.:	Geschichte der Deutschen Kunst, 3 Bde. Text, 3 Bde. Abb., Berlin und Leipzig 1921–26
Dehio, G. u. v. Bezold, G.:	Die kirchliche Baukunst des Abendlandes, Stuttgart 1892–1901

Dessoir, M.: Ästhetik, Stuttgart 1923
Doesburg, T. v.: Grundbegriffe der neugestaltenden Kunst, München 1925
Fechner, G. T.: Vorschule der Ästhetik, Leipzig 1897
Fischer, W.: Bau Raum Gerät, München 1957
Franke, P.: Die Entwicklungsphasen der neuen Baukunst, Berlin 1914
Geymüller, H. v.: Architektur und Religion, Basel 1911
Giedion, S.: Architektur und Gemeinschaft, Hamburg 1956
Gropius, W.: Wege zu einer optischen Kultur, Frankfurt 1956
Gropius, W.: Internationale Architektur, München 1925
Haendcke, B.: Entwicklungsgeschichte der Stilarten, Leipzig 1924
Hauser, A.: Philosophie der Kunstgeschichte, München 1958
Hegel, G. W. F.: Ästhetik, Berlin 1955
Herrmann, K.: Der Kampf um den Stil, Berlin 1911
Hilberseimer, L.: Mies van der Rohe, Chicago 1956
Hilberseimer, L. u. Vischer, J.: Beton als Gestalter, Stuttgart 1928
Hoeber, F.: Peter Behrens, München 1913
Hübsch, H.: In welchem Stil sollen wir bauen?, Karlsruhe 1828
Johnson, P. C.: Mies van der Rohe, Stuttgart
Kaufmann, E.: Von Ledoux bis Le Corbusier, Wien 1933
Kulka, H.: Adolf Loos, Wien 1931
Lademann, O.: Die neue Schönheit, Berlin 1922
Licht, H.: Die Architektur des 20. Jahrhunderts, Berlin 1911
Loos, A.: Ins Leere gesprochen, Innsbruck 1932
Lux, J. A.: Ingenieur-Ästhetik, München 1910

Lux, J. A.:	Olbrich, Berlin 1919
Lux, J. A.:	Otto Wagner, München 1914
Magnum	Zeitschrift für das moderne Leben, Nr. 38, Köln 1961
Mecenseffy, E. V.:	Die künstlerische Gestaltung von Eisenbetonbauten, Berlin 1911
Maier-Graefe, J.:	Entwicklungsgeschichte der Modernen Kunst, Stuttgart 1904
Maier-Graefe, J.:	Wohin treiben wir?, Berlin 1913
Mendelsohn, E.:	Monographie, Berlin 1930
Meyer, A. G.:	Eisenbauten, Esslingen 1907
Mohology-Nagy, L.:	von material zu architektur, München 1929
Muthesius, H.:	Stilarchitektur und Baukunst, Mühlheim 1902
Naumann, F.:	Die Kunst im Zeitalter der Maschine, Kunstwart 17/2, 1904
Nervi, P. L.:	Monographie, Stuttgart 1957
Neutra, R.:	Mensch und Wohnen, Stuttgart 1956
Niemeyer, W., Fr. Gilly:	Fr. Schinkel und der Formbegriff des deutschen Klassizismus, Hamburg 1912
Osthaus, K. E.:	Van de Velde, Hagen 1920
Otzen, J.:	Das Moderne in der Architektur der Neuzeit, Berlin 1904
Oud, J. J. P.:	Mein Weg in »DE STIL«, Rotterdam
Oud, J. J. P.:	Holländische Architektur, München 1926
Pevsner, N.:	Wegbereiter moderner Formgebung, Hamburg 1957
Pevsner, N.:	Europäische Architektur, München 1957
Pfleiderer, W.:	Die Form ohne Ornament, Stuttgart 1924
Platz, G. A.:	Die Baukunst der neuesten Zeit, Berlin 1927
Rathke, E.:	Jugendstil, Mannheim 1958
Reichensperger, A.:	Vorwort »Gotisches Musterbuch«, Leipzig 1856

Reichensperger, A.: August Welby Northmore Pugin, Freiburg 1877
Reichensberger, A.: Das Kunsthandwerk, Köln 1875
Ruskin, J.: Die sieben Leuchter der Baukunst, Leipzig 1900
Scheerbarth, P.: Glasarchitektur, Berlin 1914
Scheffler, K.: Form als Schicksal, Leipzig 1939
Scheffler, K.: Kunst ohne Stoff, Überlingen 1950
Scheffler, K.: Moderne Baukunst, Berlin 1907
Scheffler, K.: Der Architekt, Frankfurt 1907
Scheffler, K.: Das Phänomen der Kunst, München 1952
Schmalenbach, F.: Jugendstil, Würzbug 1935
Schopenhauer, A.: Die Welt als Wille und Vorstellung, Leipzig 1873
Schubert, O.: Gesetz der Baukunst, Leipzig 1954
Schumacher, F.: Strömungen in deutscher Baukunst seit 1800, Leipzig 1935
Schumacher, F.: Schöpferwille und Mechanisierung, Hamburg 1936
Schumacher, F.: Lesebuch für Baumeister, Berlin 1942
Sebceney, J. J. u. Sert, J. L.: Antoni Gaudí, Stuttgart 1960
Semper, G.: Der Stil in den technischen und tektonischen Künsten oder praktische Ästhetik, Frankfurt 1860
Semper, G.: Wissenschaft, Industrie und Kunst, Braunschweig 1852
Siegel, C.: Strukturformen der modernen Architektur, München 1960
Sörgel, H.: Architekturästhetik, München 1921
Stahl, F.: Karl Friedrich Schinkel, Berlin 1911
Stahl, F.: Alfred Messel, Berlin 1911
Sternberger, D.: Über den Jugendstil, Hamburg 1956

Stockmeyer, E.:	Gottfrieds Sempers Kunsttheorie, Zürich 1939
Straub, H.:	Die Geschichte der Bauingenieurkunst, Basel 1949
Taut, B.:	Die neue Baukunst, Stuttgart 1929
Torroja, E.:	Logik der Form, München 1961
Torroja, E.:	The structures of Eduardo Torroja, New York 1958
Uhde, C.:	Die Konstruktionen und Kunstformen der Architektur, Berlin 1902
Ungewitter, G.:	Lehrbuch der gotischen Constructionen, Leipzig 1875
Vitruv:	10 Bücher über Architektur, Straßburg 1913
Vogel, H.:	Deutsche Baukunst des Klassizismus, Berlin 1937
Volkelt, J.:	System der Ästhetik, München 1927
Wachsmann, K.:	Wendepunkt im Bauen, Wiesbaden 1959
Wagner, O.:	Moderne Architektur, Wien 1896
Wiegmann, R.:	Der Ritter Leo von Klenze und unsere Kunst, Düsseldorf 1829
Wolzogen, A. v.:	Aus Schinkels Nachlass, Berlin 1863
Wölfflin, H.:	Prolegomena zu einer Psychologie der Architektur, Basel 1946
Wölfflin, H.:	Kunstgeschichtliche Grundbegriffe, Basel 1960
Wölfflin, H.:	Renaissance und Barock, Basel 1961

Abbildungen

1) Fischer, W.: Bau Raum Gerät, München 1957, p. 43
2) Fischer, W.: Bau Raum Gerät, München 1957, p. 45
3) Wachsmann, K.: Wendepunkt im Bauen, Wiesbaden 1959, p. 100
4) Wachsmann, K.: Wendepunkt im Bauen, Wiesbaden 1959, p. 124
5) Mendelsohn, E.: Monographie, Berlin 1930, p. 46
6) Torroja, E.: Logik der Form, München 1961, p. 175
7) Nervi, P. L.: Monographie, Stuttgart 1957, p. 41
8) Rahne, G.
9) Torroja, E.: Structures of Eduardo Torroja, New York 1958, p. 74
10) Torroja, E.: Structures of Eduardo Torroja, New York 1958, p. 156
11) Torroja, E.: Structures of Eduardo Torroja, New York 1958, p. 160
12) Johnson, P. C.: Mies van der Rohe, Stuttgart 1947, p. 175
13) Johnson, P. C.: Mies van der Rohe, Stuttgart 1947, p. 172
14) Magnum 38, Oktober 1961, p. 48
15) Wachsmann, K.: Wendepunkt im Bauen, Wiesbaden 1959, p. 213
16) Handbuch moderner Architektur, Berlin 1957, p. 775
17) Torroja, E.: Structures of Eduardo Torroja, New York 1958, p. 178
18) Torroja, E.: Structures of Eduardo Torroja, New York 1958, p. 177

Dissertation

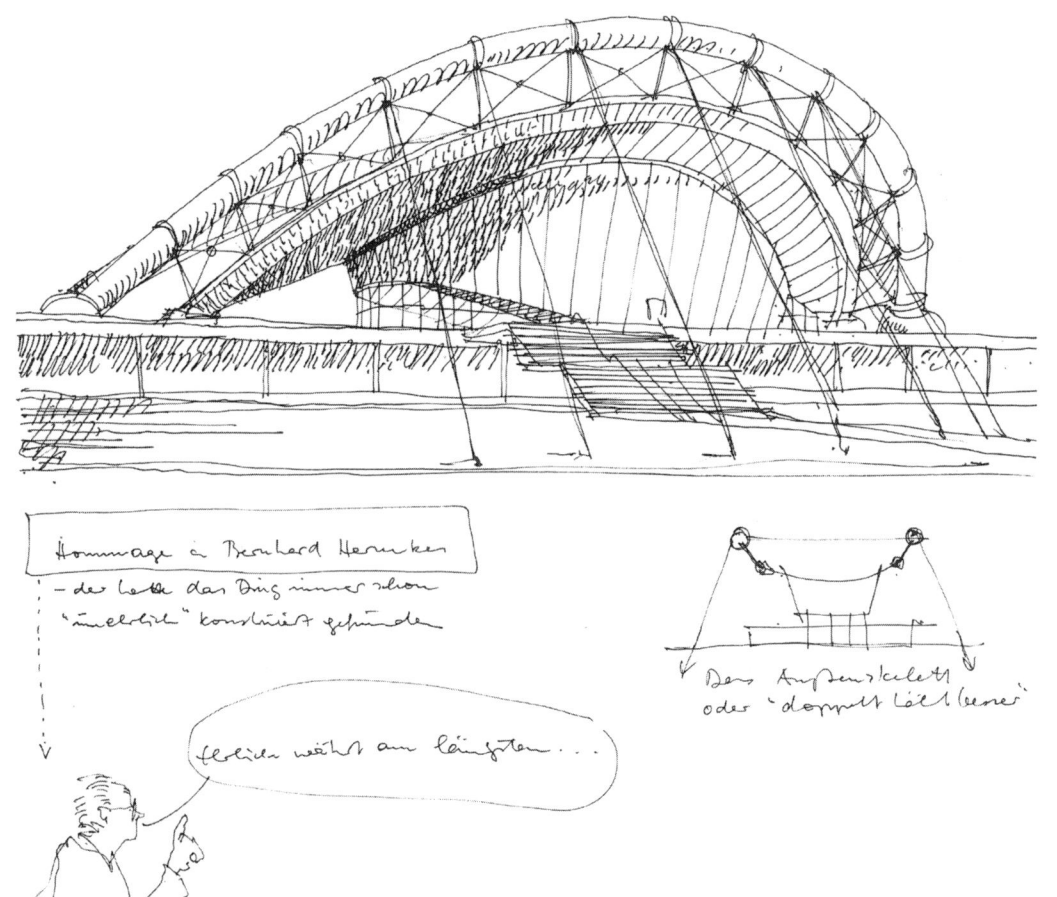

»Vergrößerung einer Idee«
Bereinigung und Verstärkung des Symbols
deutsch-amerikanischer Verbundenheit:
»Klare politische Verhältnisse verlangen
klare Konstruktionen« (einer hängt vom
anderen ab) oder – auch nur Feuilleton.
Federzeichnung, 41 × 29,5 cm, August 1980

Anmerkung der Herausgeber:
Die Kongresshalle Berlin wurde von dem amerikanischen Architekten Hugh A. Stubbins im Rahmen der Interbau 1957 errichtet. Seither gilt sie als Symbol der deutsch-amerikanischen Freundschaft. Als kühnes Bauwerk in der Öffentlichkeit gefeiert, stand sie in der Fachwelt wegen der hängenden und kragenden Dachkonstruktion, die »gegen die naturgegebenen Prinzipien der Statik« (P. L. Nervi) verstößt, in der Kritik. Am 21. Mai 1980 stürzte der südliche Bogen und das an ihm verankerte Außendach ein.

Lebenslauf

Ich wurde am 5. April 1937 als Sohn des Architekten Paul Grötzebach und seiner Ehefrau Ingeborg, geb. Hilger, in Berlin geboren. Meine Eltern zogen 1939 nach Wolfenbüttel, wo ich im Herbst 1943 eingeschult wurde. Nach einem weiteren Umzug 1945 nach Hamburg besuchte ich dort die Grundschule in Hamburg-Fuhlsbüttel, bis ich Ostern 1947 in die Wissenschaftliche Oberschule im Alstertal übertrat, an der ich im Frühjahr 1955 die Reifeprüfung bestand. Nach einem halbjährigen Baupraktikum studierte ich Architektur an der TH Braunschweig bis zum Vor-Diplom im Herbst 1957 und setzte dann das Studium an der TU Berlin – vorwiegend im Seminar von Professor Hermkes – fort. Die Diplom-Hauptprüfung legte ich im Herbst 1960 ab. 1961 arbeitete ich als freier Mitarbeiter bei dem Architekten Bodo Fleischer. Seit April 1962 bin ich als Wissenschaftlicher Assistent am Lehrstuhl für Entwerfen, Baukonstruktion und Industriebau von Professor Hermkes an der TU Berlin tätig.

(aus der Dissertation)

Dietmar Grötzebach wurde am 5. April 1937 in Berlin geboren.

1955–1957
Studium der Architektur an der Technischen Hochschule Braunschweig

1957–1960
Studium der Architektur an der Technischen Universität Berlin

1960
Diplom am Fachgebiet Entwerfen, Baukonstruktion und Industriebau Prof. Hermkes

1962–1967
Assistent am Fachgebiet von Prof. Hermkes

1963–1965
Promotion, Doktorvater Prof. Hermkes

Ab 1963
Lebenslange Partnerschaft mit Günter Plessow

1964–1972
Partnerschaft mit Günter Plessow und Gerd Neumann, NGP

Ab 1968
Vorstand Bund Deutscher Architekten BDA, Berlin

1978–1985
Vorsitzender des BDA Berlin

1972–1985
Professor für Entwerfen und Baukonstruktion am Fachbereich 8 der Technischen Universität Berlin

1974–1985
Partnerschaft mit Günter Plessow und Reinhold Ehlers, GPE

Dietmar Grötzebach verstarb am 27. März 1985.

Nachwort

Die Konstruktion, der moderne Architekt und die Logik der architektonischen Form
Ein Nachwort zur Dissertation von Dietmar Grötzebach

Fritz Neumeyer

»... so verzeiht man ihm doch immer, was man an ihm tadelt.«
Johann Wolfgang von Goethe über Palladio, 1785

1. Schattenboxen: konstruktive Ehrlichkeit

Es geschieht nicht alle Tage, dass eine Dissertation nach einem halben Jahrhundert aus ihrem Dornröschenschlaf in den Regalen einer Universität erweckt wird und als reguläre Buchpublikation wieder die Augen aufschlägt. Zu diesem Nachleben wird hiermit der Studie des jungen Architekten Dietmar Grötzebach (1937–1985) verholfen, die er am 15. März 1963 an der Technischen Universität Berlin als Dissertation unter dem Titel einreichte: *Der Wandel der Kriterien bei der Wertung des Zusammenhangs von Konstruktion und Form in den letzten 100 Jahren.* Die erste, noch nicht förmlich abgegebene Stellungnahme des Gutachters Prof. Karl-Heinrich Schwennicke vom 5. Mai 1963 über das Grötzebach-Elaborat fiel eindeutig negativ aus. Schwennicke wollte die zwar gut lesbar geschriebene, aber doch zu oberflächlich bleibende Arbeit in der vorliegenden Form nicht als Dissertationsschrift anerkennen. Sie erschien ihm als »wenig wissenschaftlich unterbaut«, denn er vermisste – wie es der Titel versprach – vor allem die durchgängige systematische historische Argumentation, um »die Entwicklung der Auffassung von der Zusammengehörigkeit von Form der Konstruktion« konkret nachzuzeichnen und zu analysieren. Vor allem aber schien ihm das Thema als solches viel zu weit gespannt; und der Einwand, dass es »sehr eng gefaßt sein« müsste, »um es überhaupt im Rahmen einer Dissertation bewältigen zu können«, war schwer von der Hand zu weisen.

Diese grundsätzliche Kritik führte dazu, dass unser leichtfüßiger Doktorand sich für knapp zwei weitere Jahre erneut an die Arbeit machte. Leider haben sich weder die erste eingereichte Schrift noch die Überarbeitungen erhalten, so dass wir uns kein genaueres Bild davon machen können, welche Veränderungen in dieser Zeit vorgenommen wurden. Nach mindestens zwei nachweislichen Überarbeitungen wurde die wohl stark revidierte Dissertationsschrift, versehen mit dem notwendigen einschränkenden Titelzusatz »in den letzten hundert Jahren«, von den beiden Gutachtern Hermkes und Schwennicke akzeptiert. Das förmliche Promotionsverfahren wurde am 28. Januar 1965 mit der mündlichen Prüfung abgeschlossen. Anfang Mai 1965 lieferte der Kandidat nach nochmaliger Überarbeitung die üblichen Pflichtexemplare seiner Dissertationsschrift – die hier vorliegende Fassung – ab, worauf ihm am 7. Mai 1965 die Doktorurkunde (mit »gut« bestanden) in Vertretung des Dekans durch Oswald Mathias Ungers ausgehändigt wurde.

Worin die Bedeutung dieser Studie von Dietmar Grötzebach zu suchen ist, die ihre publizistische Wiederbelebung rechtfertigt, lässt der leicht kryptische Titel durchaus ahnen: Es geht um die Frage des Verhältnisses zwischen Konstruktion und architektonischer Form im Zeitalter der Moderne. Damit ist aber sogleich auch jene theoretische und praktische Fragestellung aufgeworfen, die so alt ist wie die Geschichte der Architektur selbst: nämlich, inwieweit die Methoden und Bedingungen der stofflichen Herstellung eines Gebäudes auch seine äußere Erscheinung und Form ästhetisch bestimmen sollen und können. Die Frage, inwieweit der Konstruktion als unabdingbare Voraussetzung für jedes Bauwerk auch als Ausdrucksform Bedeutung zukommt, ist und bleibt eine Angelegenheit von genuin architektonischer Relevanz. An ihr kommt selbstverständlich auch der zeitgenössische Architekt nicht vorbei, sofern ihm architektonisches Denken nicht ein Fremdwort geblieben ist.

Diese Dissertation lenkt ihr Augenmerk darauf, ob und wieweit die Konsequenz der konstruktiven Durcharbeitung die Gestaltung bedingt und inwieweit die moderne Maxime der »konstruktiven Ehrlichkeit« tatsächlich Grundlage architektonischer Gestaltung und ästhetischer Wertung sein kann. Was die moralische und nicht ästhetische Kategorie der Ehrlichkeit betrifft, die gleichsam als Gewissensfrage der modernen Architektur auftritt, so handelt es sich hierbei im Grunde um ein Schattenboxen erster Güte: denn in der Geschichte der Architektur und ihrer Theorie ist schließlich nicht eine einzige Stimme, geschweige denn eine Epoche bekannt geworden, die sich damit hervorgetan hätte, die Lügen- und Scheinhaftigkeit oder die Unehrlichkeit in der architektonischen Gestaltung zum Programm zu erheben. So weist denn auch Grötzebach in der Einleitung darauf hin, dass es sich bei der Forderung nach konstruktiv ehrlicher und logischer Baukunst im Grunde um eine Forderung handelt, der man schon bei Vitruv und nach ihm »zu jeder Zeit in irgendeiner Weise als gültige Maxime begegnet«; dass die Unterschiede also lediglich in der Interpretation dieser Forderung und den daraus gezogenen praktischen Konsequenzen gesucht werden können.

Die Überzeugung, daß die nackte Konstruktion zur Wahrheit zwinge, die allein schön sei, und daß alle die Konstruktion maskierende Architektur eine verlogene und häßliche Scheinkunst sei, wird im 19. Jahrhundert von John Ruskin, Viollet-le-Duc und anderen Neugotikern ins Feld geführt. Aber auch schon Mitte des 18. Jahrhunderts stößt man, wie in dem *Essai sur l'architecture* des Jesuitenpaters Marc Antoine Laugier von 1753, auf diese fundamentalistisch angehauchte architekturtheoretische Glaubenswelt. Sie sollte im technik- und fortschrittsgläubigen 20. Jahrhundert unter den Protagonisten der modernen Architektur zahlreiche Jünger finden. Für kurze Zeit gehörte ihnen auch Mies van der Rohe an, als er 1923 posaunte »Wir kennen keine Form, sondern nur Bauprobleme«, ehe er sich 1926 des Besseren besann. Nach 1945, in der Nachkriegsmoderne, kommt der Begriff der »Ehrlichkeit« der Konstruktion zu neuen Ehren. Die Möglichkeit, sich durch die Flucht nach vorn ins Technische und Moralisch-Unschuldige der Bürde historischer Lasten zu entledigen, wurde gerade hierzulande als willkommene Möglichkeit eines unbefleckten architektonischen Neuanfangs begriffen.

Unter dem geschichtsleeren Begriff der »Strukturform« erlebt der Mythos von der konstruktiven Ehrlichkeit seine Auferstehung. Es überrascht nicht, daß sich unser junger Doktorand gerade von diesem Begriff herausgefordert sieht. Das Buch von Curt Siegel *Strukturformen der modernen Architektur*, München 1960, gab diesem Begriff im Jargon der Architekten einen festen Platz. Siegel propagierte »die von allen Konventionen befreite und eindeutig im Technischen begründete ›Strukturform der modernen Architektur‹« als »ein reinigendes, ordnendes und strukturierendes Gestaltungsmittel«, das »der Aufrichtigkeit und Sauberkeit im architektonischen Gestalten« diene, und das dazu beitragen sollte, »formalistischen Erscheinungen und modischen Effekten in der heutigen Architektur fundierte Qualität entgegenzustellen.«

Dieses Buch, das noch 1970 die dritte Auflage erlebt und in Mehrfachexemplaren auch heute noch in der Lehrbuchsammlung der Architekturbibliothek der TU Berlin vertreten ist, billigt der modernen Konstruktion als »Gestaltbild« einen von allen Richtungen und Strömungen unabhängigen modernen architektonischen Ausdrucksgehalt zu – was immer man sich auch darunter vorstellen mag. Einerseits, so Siegel, wäre es falsch, »die Strukturform mit der architektonischen Aussage selbst zu verwechseln«, andererseits wird die Strukturform als »ein für unsere Zeit typisches Mittel der architektonischen Aussage« betrachtet, das »Zeugnis« ablege von »der Logik und Zwangsläufigkeit technischer Formung, die den Gesetzen des Materials im Dienste der konstruktiven Aufgabe gehorcht.« In den drei Strukturformen »Skelettbau«, »Die V-Stütze« und »Räumliche Tragwerke« präsentiert Siegel allerdings selber wenig mehr als das magere Inventar zeitgenössischer architektonischer Konventionen.

Nachwort

Neben diesem altbackenen Vertreter der Strukturästhetik von 1960 nimmt sich die Dissertation von Dietmar Grötzebach durch ihre argumentative Beweglichkeit und gedankliche Frische wie ein Geschenk der Offenbarung aus. Man spürt zwischen den Zeilen den Ehrgeiz, komplexe theoretische und praktische Zusammenhänge aufzuschließen. Systematisch wird die Maxime der »konstruktiven Ehrlichkeit« als Garant qualitätsvoller Architektur unter die Lupe genommen und in relativierender Betrachtungsweise der Nachweis ihrer theoretischen Unzulänglichkeit und praktischen Uneinlösbarkeit erbracht.

Den Antrieb für dieses Unternehmen lieferte, wie Dietmar Grötzebach im Vorwort andeutet, die eigene Tätigkeit als entwerfender Architekt, vor allem aber die seit April 1962 bestehende akademische Tätigkeit als Assistent am Lehrstuhl für Baukonstruktion und Entwerfen von Prof. Bernhard Hermkes an der Technischen Universität Berlin. Bei ihm hatte Grötzebach studiert und als Vertreter einer Architektur, die den konstruktiven Gedanken in den Mittelpunkt des Entwurfs stellt, war Hermkes als einer der Strukturästheten nicht nur Anreger sondern gleichwohl auch indirekt Zielscheibe dieser Dissertation.

Die im Universitätsarchiv der TU aufbewahrte Promotionsakte entzieht allerdings jeder Spekulation darüber den Boden, daß sich hier möglicherweise eine pikante Konfrontation im Hintergrund abgespielt haben könnte. Das Gutachten zur Dissertation von Hermkes zeigt souveräne Abgeklärtheit. Hermkes fordert dazu auf, »Oberflächlichkeiten in der Diskussion dieses wichtigen Themas« zu vermeiden und sich davor zu hüten, in der Kritik offene Türen einzurennen, weil derartige Axiome, wie jenes von der konstruktiven Ehrlichkeit, ohnehin nicht wörtlich zu nehmen und 1:1 in die Praxis umzusetzen seien. Damit war dem Ehrgeiz, diesen architektonischen Glaubensartikel einer radikalen sokratischen Ernüchterung zu unterziehen, ein wenig der Wind aus den Segeln genommen.

»Daß eine ›richtige‹ Konstruktion keineswegs bereits künstlerische Qualität besitzt, ist eine Selbstverständlichkeit.« – Mit dieser Binsenwahrheit, die dem Credo der ehrlichen Konstruktion als künstlerischem Bekenntnis den Boden unter den Füßen wegzieht, macht Hermkes deutlich, dass er an der Seite seines Assistenten steht, und dieser an seiner. Auch teilt er mit ihm die Kritik an dem Begriff der »Strukturform« und jenen Strukturästheten, die mehr oder weniger die logische konstruktive Struktur mit der guten architektonischen Form gleichsetzten. Weiter liest man bei Hermkes: »Zu allen Zeiten in der Baugeschichte ist stets von großen Baumeistern versucht worden, die konstruktiv als ›richtig‹ erkannte Lösung zu deutlichen und aussagekräftigen Formen zu überhöhen, ohne deshalb die Richtigkeit der konstruktiven Lösung zu unterhöhlen und zu konstruktiven Scheinformen zu gelangen. (...) Der von Curt Siegel geprägte Begriff der ›Strukturform‹ kann leicht zu dem grundlegendem Irrtum Anlaß geben, daß diese ›Strukturform‹ von vorneherein künstlerische Qualitäten besitzen könne. Die Verbindung der beiden Begriffe ›Struktur‹ und ›Form‹ in dem Wort ›Strukturform‹ ist zweifellos fragwürdig und irreführend.«

Mehr noch, im grundsätzlichen Verständnis des Konstruktiven erweist sich Hermkes großzügiger als sein um Relativierung und Differenzierung bemühter Schüler, der erstaunlicherweise allein die griechische Klassik und die Gotik als unmittelbar konstruktiv gelten lassen will, dagegen die römische Klassik, Romanik, Renaissance und Barock vorwiegend durch symbolischen Formgebrauch gekennzeichnet findet. Diese engstirnige Sichtweise des Konstruktiven, die ihre symbolische Bedeutungsebene erheblich einschränkt, erschien Hermkes »allzusehr simplifiziert zu sein« und eine unzulässige »Vereinfachung in der so vielseitigen und überreichen Gestaltentwicklung«, die »zu falschen Schlüssen führen« müsse. An welche Hermkes hierbei dachte, behielt er leider für sich.

Dass Grötzebachs eigener Modernismus dem Verständnis jener Formen von Baukunst im Wege stehen könnte, in denen, wie in der Renaissance, das Bild der Konstruktion als elementares Mittel architektonischer Gliederung verwendet wird, dieser Verdacht drängt sich dem Leser sogleich in der Einleitung auf. Hier werden in der Baugeschichte »zwei grundsätzlich verschiedene Arten konstruktiven Denkens, konstruktiv inspirierter Formgebung« diagnostiziert:

nämlich eine, in der »die tragende Substanz eines Bauwerks unmittelbar geformt und gestaltet ist«; und eine andere, die durch »den symbolischen Gebrauch ›konstruktiver Formen‹ allgemeinverständlichen Inhalts zur Charakterisierung von konstruktiven Funktionen in oft unstrukturierter Baumasse« gekennzeichnet ist. Dementsprechend wurden griechische Klassik und Gotik »als zumeist unmittelbar konstruktiv« erachtet; die Architektur Roms, der Romanik, Renaissance und des Barock hingegen als »vorwiegend durch den symbolischen Formgebrauch« gekennzeichnet.

Der falsche Schluss, der mit dieser Logik verknüpft werden kann, ist jener, die reale Konstruktion als Daseinsform für genuin architektonisch und damit für prioritär und wertvoll zu erachten, hingegen die dargestellte Konstruktion, also ihre Wirkungsform, als eine zweitrangige Angelegenheit ohne wesentliche architektonische Relevanz zu betrachten, sondern lediglich als Dekor und Ornament und damit als belanglos abzutun. So sahen es im 19. Jahrhundert die Wahrheitssucher John Ruskin, Viollet-Le-Duc und andere Neogotiker; und so sah es der Kunsthistoriker Georg Dehio in den 1920ern, den Grötzebach mit einer Passage zitiert, in der erklärt wird, was schon die Neogotiker so sahen, dass Bauformen, wenn der »statisch-funktionelle Ursprung vergessen« wird, »zu bloßen Dekorationselementen entwertet« werden würden.

Dass Grötzebach in der Möglichkeit des symbolischen Gebrauchs von Konstruktionsformen als Mittel des architektonischen Ausdrucks, der Gliederung und Gestaltung nichts anderes als »die Degeneration konstruktiver Formen zum Schmuckmotiv« erkennen will, kennzeichnet den blinden Fleck im Auge des Autors; eines Autors, der auf der anderen Seite zu dem Schluss kommt, die eigentliche Aufgabe der Gestaltung bestehe darin, »für abstraktes Geschehen, für statisches Verhalten quasi ›bauliche Gleichnisse‹ zu schaffen« – ergo, symbolische Formen –, »es so in Bauformen umzusetzen, daß es unmittelbar anschaulich und einleuchtend wird.«

Dieser Satz besagt, dass es auf die sinnfällige Formgebung ankommt, nämlich jene wahrnehmbare Erscheinung, die für die künstlerische Qualität eines Bauwerks ausschlaggebend ist. Das bedeutet, dass schließlich auch für die konstruktive Ehrlichkeit, die sich in ihrer Daseinsform auch als Erscheinung selbst genug ist, eine Wirkungsform gefunden werden muss, wenn sie nicht stumm, unanschaulich und damit ästhetisch bedeutungslos bleiben soll. Diesen Formzusammenhang auf das »Dekorative« zu verkürzen und damit getreu modernistischer Optik zur Bedeutungslosigkeit zu verurteilen, zeigt, dass der eigene Modernitätsbegriff dem Ehrgeiz Grenzen setzt, moderne Dogmen in ihrer Beschränktheit infrage zu stellen. Ornament und Dekor und historische Form sind und bleiben weiterhin ein Verbrechen. Diese Haltung kommt auch in einer für heutige Ohren einigermaßen befremdlichen Diktion zum Ausdruck: etwa wenn die berühmten Doppel-T-Profile in den Fassaden der amerikanischen Hochhäuser von Mies van der Rohe mit den Worten verdammt werden, es handle sich hier um »die punkthafte Pervertierung eines eigentlich konstruktiven Glieds ins Ornament. (...) Hier degenerieren die zunächst konstruktiv bedingten Profile zum Dekor.«

Dass diese abschätzig als »Dekor« und »Pervertierung« – um nicht zu sagen »entartete Baukunst« – verstandene Formgebung eben jener geforderten sinnfälligen Verdeutlichung und Darstellung der Konstruktion dienen könnte, die – wie im Fall der Stahlskelettkonstruktion bei Mies – aus Gründen des Feuerschutzes einbetoniert ist und folglich nicht sichtbar werden kann, steht als denkbare Option nicht zur Debatte; obgleich Grötzebach dergleichen am Schluss seiner Dissertation explizit zur Forderung erhebt: nämlich jene Stilisierung zu finden, »die die konstruktive Situation verdeutlicht und unmittelbar anschaulich macht.«

Für ein tektonisches Verständnis der Konstruktion, das nicht nur das Recht der Konstruktion, sondern auch das Recht des wahrnehmenden Auges als gleichwertiges Kriterium anerkennt, war die Zeit noch nicht reif; ebenso wenig für eine Anlehnung an historische Formen der Baukunst, die sich gerade wegen ihrer tektonischen Allgemeinverständlichkeit im Laufe der Jahrtausende bewährt haben und deshalb auch dem Zweck der Veranschaulichung dienen konnten. Dass Mies mit seinen Doppel-T-Profilen ein »bauliches Gleichnis« zur Veranschaulichung der Konstruktion schafft und gleichsam den Pilaster des Industriezeitalters entdeckt, zeigt diese Möglichkeit. Aber auf sinnfällige Formen der Konstruktion, wie Säule und Gebälk oder den Rundbogen auch nur in abstrakter Interpretation anzuspielen, kam in den Augen der meisten rechtschaffenen Modernisten in den Sechzigerjahren einem Sakrileg gleich.

Einen vergleichbaren Tabu-Bruch wittert Grötzebach in der Fassade einer Kirche des spanischen Ingenieurs Eduardo Torroja mit Formanspielungen an die Gotik; diese Formensprache wird als »rein historisierend« verurteilt, durch die der ganze Bau »quasi zum historischen Zitat degeneriert.« Historische Formanklänge sind unhinterfragt unbedingt zu vermeiden. Das gilt ohne Wenn und Aber, will man nicht seine Glaubwürdigkeit als moderner Architekt aufs Spiel setzen. Wie stark zu dieser Zeit die Berührungsangst mit der historischen Formensprache der Architektur ist, geht aus dem anschließenden Monitum hervor, wenn Grötzebach Torroja vorhält, dass selbst »wenn man künstlerische Unbefangenheit unterstellen wollte und annähme, daß ein rein sachbezogener Formungsprozeß zu historisch beziehungsvollen Formen geführt hätte«, es doch zu fragen bliebe, »ob diese Formen dann nicht allein ihrer formalen Anklänge wegen jedenfalls zu vermeiden wären.« (!) Deutlicher läßt sich die zum Selbstverständnis des modernen Architekten gehörende grundsätzliche Ablehnungspflicht gegenüber der historischen Form kaum zum Ausdruck bringen.

2. Wetterleuchten

Zur Relativierung dieses Selbstverständnisses ist ein Seitenblick auf den Stand der Dinge um 1960 nützlich. Die Dissertation des jungen Architekten Dietmar Grötzebach spiegelt in ihrer objektiven und subjektiven Sicht einschließlich ihrer Vorurteile die Aufbruchsstimmung einer Zeit, die einer aufgeklärten, unorthodoxen Moderne zum Durchbruch verhelfen will. Moderne Glaubenssätze in Architektur und Städtebau durch kritische Betrachtung ihrer Aura der Normativität zu berauben und infrage zu stellen, stößt um 1960 insbesondere bei der jüngeren Architektengeneration auf lebhafte Sympathie. Dass in diesen Befreiungsschlägen die klassischen Feindbilder moderner Architektur in Bezug auf Ornament und historische Architekturform fortleben, entwertet diese Bestrebungen keineswegs. Erst ein Jahrzehnt später werden im nächsten logischen Schritt auch diese Feindbilder verabschiedet.

1959 rebellieren junge Architekten, die sich zum Team X zusammengeschlossen hatten, auf der CIAM-Tagung (Congrès Internationaux d'Architecture Moderne) in Otterlo gegen die Verödung und Verflachung der modernen Architektur unter der Dogmatik des Funktionalismus und International Style. Damit ist das Ende der CIAM als Organisation und autoritative Instanz besiegelt. Otterlo benennt die Defizite der etablierten internationalen »modernen Architektur«, deren Einseitigkeit allen vor Augen steht. Scharfe Kritik wird an der Erlebnis- und Ausdrucksarmut funktionalistischer Architektur geübt, die der Sachlichkeit die Sinnlichkeit opfert. Man konstatiert die totale Vernachlässigung wahrnehmungs- und architekturpsychologischer und soziologischer Aspekte in moderner Planung und bemängelt, dass Fragen der Wirkungsweise architektonischer Phänomene in der objekt- und technikfixierten modernen Architektur so gut wie keine Berücksichtigung erfahren. Auch an der »antihistorischen Haltung« der modernen Architektur wird vereinzelt deutliche Kritik vorgetragen.

Otterlo gibt 1959 den Auftakt zu einer Abrechnung mit der modernistischen Anknüpfungsverweigerung gegenüber Ort, Geschichte und Benutzerkultur, die ein Jahrzehnt später in eine neue Epoche der kulturellen Sensibilität mündet, in die »Postmoderne«. Bereits in den Fünfzigerjahren, allen voran durch die 1954 fertiggestellte Kapelle von Ronchamp, mit der Le Corbusier sich von der von ihm einst propagierten flachbrüstigen modernistischen Box der kahlen Kanten verabschiedet, wird auch die Konstruktion als ein wirkungsvolles plastisches Ausdrucksmittel neu entdeckt. Diese Überbewertung der Technik, der man die »zauberhafte Fähigkeit« zutraute, »eine ihr eigene Form zu bilden, sich selbst eine Form im künstlerischen Sinn zu geben« – so der italienische Architekt Giancarlo di Carlo in seinem Vortrag in Otterlo –, habe »die gräßlichsten Plagegeister gezeugt: den abstrakten Strukturalismus,« dessen Erscheinungsmerkmale sich im Skelettbau, V-Stützen und vorzüglich in schwingenden Formen hyperboloider Schalen austobten; aber auch den »entsprechenden Gegensatz«, nämlich »die Bewegung des Eklektizismus und die Wiederbelebungstendenzen«, zu denen di Carlo auch den Bezug auf die inzwischen selbst Geschichte gewordene heroische Moderne rechnet und deren, sich überlebt habenden, Architekturformen. Dass die Moderne längst selbst im Historismus angekommen ist, wenn sie dreißig Jahre und noch etliche Jahrzehnte später, immer noch die Formen von Le Corbusier oder anderer Heroen der Zwanzigerjahre nachahmt, ist für das Jahr 1959 eine bemerkenswerte Einsicht; gegen sie sperren sich auch noch heute viele Architekten, die glauben, im Rückgriff auf die Formenwelt der Zwanzigerjahre ihre Zeitgemäßheit unter Beweis zu stellen.

An dem von Ernesto Nathan Rogers in Otterlo vorgestellten gerade fertiggestellten Mailänder Hochhaus Torre Velasca – eine Betonskelettkonstruktion mit schräg nach oben auskragendem Strebewerk – scheiden sich 1959 die Geister. Grötzebach hat diesen vieldiskutierten, von Rayner Banham als Verrat an der Moderne bezeichneten Bau leider nicht zur Kenntnis genommen. Sein Urteil wäre wohl nicht viel anders als im Fall von Mies und Torroja ausgefallen. Historische Anspielungen in der Architektur besaßen zu dieser Zeit offenbar einen schlechten Beigeschmack und galten auch mit Blick auf den Ost-West-Konflikt und den Kalten Krieg nicht gerade als politisch opportun, geschweige denn korrekt. Peter Smithson machte das in Otterlo mit seinem Einwurf plausibel, dass sich ein »Wiederaufleben solcher Formen (...) gerade jetzt überall im Einflußbereich der kommunistischen Ideologie« ereigne, und es vielleicht daher käme, »daß wir es so entschieden ablehnen, wenn diese Formen hier auftreten (...)«

Der Impuls von Otterlo war epochal. Sein Nachhall ist auch in dieser Dissertation nicht zu überhören. »Oft genug war die moderne Architektur vom Heiligenschein der Ehrlichkeit umgeben als vom Wesen der Wahrheit!« – diesen Satz aus dem Schlussvortrag von Aldo van Eyck in Otterlo hätte Dietmar Grötzebach auch als Leitspruch seiner aufklärerischen Dissertation voranstellen können. Denn dem Wesen der Wahrheit und dem, was es mit dem Verhältnis von Konstruktion und architektonischer Formgebung auf sich hat, ist er mit erstaunlicher theoretischer Neugier und Erkenntnislust beherzt nachgegangen, auch wenn er sich dabei als der moderne Architekt, der er sein wollte, selbst im Wege gestanden und blockiert hat.

3. Struktur, Konstruktion, Tektonik

Absicht der Dissertation ist es, der Einsicht wieder Geltung zu verschaffen, dass das Thema Konstruktion und Form als genuin architektonisches Thema weitaus komplexer angelegt ist als in der Schwarz-Weiß-Sicht ideologischer Umklammerung. Damit traf die Dissertation den Nerv ihrer Zeit. Nur ein Jahr später, 1966, veröffentlicht Robert Venturi seine international viel beachtete Schrift *Complexity and Contradiction*. Was Venturi als »gentle manifesto« bezeichnet, richtete sich gegen die übermächtige Tradition der Simplifizierung im Namen des »Entweder-oder«. Sein Plädoyer für eine »nonstraightforward architecture« wollte dem Phänomen des »Sowohl-als-auch« in der Architektur in Form und Funktion wieder Geltung verschaffen. Venturis Botschaft, dass Architektur sowohl eine praktische als auch gleichermaßen symbolische Funktion zu erfüllen habe, als Behälter und auch als Zeichen, trug entschieden dazu bei, Ornament und Dekor in ihrer Bedeutung für die Ikonografie der Architektur wiederzuentdecken.

Grötzebachs Anspruch, die inneren Widersprüche und die Komplexität der Zusammenhänge im Verhältnis von Konstruktion und Form ans Licht zu holen, zwang dazu, Konstruktion nicht allein im Lichte ihrer materiellen und fertigungstechnischen Bedingtheit und Logik zu betrachten, sondern auch ihre Wirkungs-Logik und ihr symbolisches Potenzial als Bestandteil der Sprache der Architektur mit in die Betrachtung einzubeziehen. Die geradezu allergische Berührungsangst mit allem vermeintlich Dekorativen stand dem allerdings im Wege. Es ist dennoch aber dieser Gesichtspunkt, der die Dissertation über die umfassende Kritik an der konstruktiven Ehrlichkeit hinaus zu einem wichtigen architekturtheoretischen Zeitdokument macht. Denn zum Gewinn dieser Dissertation gehört es, dass ihr Verfasser die Belange der Konstruktion nicht allein bei der Baukonstruktion aufgehoben sieht. Denn als Angelegenheit der architektonischen Gestaltung wird die Frage der konstruktiven Ehrlichkeit über das Logisch-Empirische hinausgreifend auch punktuell mit der Logik der Wahrnehmung verknüpft, was nicht konfliktfrei bleiben kann.

Diese Erweiterung des Betrachtungshorizonts in Richtung Wirkungsästhetik und das sinnliche Erfassen von Konstruktion spiegeln sich in dem für heutige Verhältnisse überschaubaren Literaturverzeichnis deutlicher wieder als im Argumentationsgang der Dissertation selbst. Man stößt hier nicht nur auf klassische Autoren der Architekturtheorie wie Vitruv, Alberti und Semper oder schreibende Architekten wie Wagner, Berlage, Behrens und Schumacher. Neben einschlägigen Philosophen wie Hegel und Schopenhauer trifft man aus der Geisteswissenschaft auf Vertreter der psychologisierenden Ästhetik und Einfühlungstheorie des späten 19. Jahrhunderts wie Johannes Volkelt, Gustav Theodor Fechner und schließlich Heinrich Wölfflin – eine für die theoriescheue Zeit der frühen Sechzigerjahre mehr als bemerkenswerte Bezugnahme für die Behandlung eines technischen Themas.

Wenn auch die Gedankenwelt jener letztgenannten Autoren nicht konsequent zur eigenen Argumentation erschlossen wird, so nimmt die Dissertation damit einen Faden auf, der in der vornehmlich technikfixierten Betrachtung von Konstruktion bereits vor geraumer Zeit verloren gegangen ist: jenen im 19. Jahrhundert geknüpften Zusammenhang, dass die Architektur auf eine psychologische und auch physiologische Basis des Verstehens bezogen ist und in ihrer ästhetischen Wirkung als körperliches Konstrukt auf das engste mit unserem eigenen leiblichen tektonischen Empfinden für Lagerung und Aufbau verbunden ist.

Diese durch die Einfühlungstheorie stimulierte Form der architekturtheoretischen Betrachtung von Konstruktion und architektonischer Form erlebt im späten 19. Jahrhundert ihren Höhepunkt; und diese Form der Betrachtung verschwindet mit der modernen Praxis des 20. Jahrhunderts, manifestartige Glaubensbekenntnisse und künstlerische Gewissensbekundungen an die Stelle architektonisches Denkens treten zu lassen.

In Grötzebachs Dissertation taucht die bahnbrechende Dissertationsschrift Wölfflins von 1886 *Prolegomena zu einer Psychologie der Architektur* wieder aus der Versenkung auf, eine Schlüsselschrift, in der erstmals die Einfühlungstheorie unmittelbar auf die Architektur bezogen wird. Vermutlich hat Herman Sörgels *Architektur-Ästhetik* von 1921, ein kompendiumartiger Überblick über die Architekturtheorie, Grötzebachs Neugier in diesem Punkt geweckt; und möglicherweise wurde die Aufmerksamkeit auf Sörgels *Architektur-Ästhetik* durch Oswald Mathias Ungers gelenkt, der seit dem Sommersemester 1964 als frisch berufener Professor für Gebäudelehre und Entwerfen Vorlesungen an der TU Berlin hielt. Hierfür hatte er sich mit der Architekturtheorie und Kunstwissenschaft vertraut gemacht. Für Ungers war Sörgel von herausragender Bedeutung und von dessen Metapher vom »Janusgesicht der Architektur«, die mithilfe von Baukörpern Raumkörper bildet, nahm er häufig Gebrauch.

Kommen wir zu Wölfflin zurück: Kern seiner Architekturpsychologie ist die Einsicht, dass architektonische Wahrnehmung unmittelbar mit der körperlichen Selbstwahrnehmung des Menschen verbunden ist. In der am eigenen Körper gemachten »sinnlichen Erfahrung von Druck und Gegendruck« findet Wölfflin »die Voraussetzung für das Verständnis baulicher Form« und Grötzebach führt zum Beleg das Zitat aus den *Prolegomena* an: »Wir sind am Boden zusammengesunken, wenn wir der niederziehenden Schwere des eigenen Körpers keine Kraft mehr entgegensetzen konnten, und darum wissen wir das stolze Glück einer Säule zu schätzen und begreifen den Drang allen Stoffes, am Boden formlos sich auszubreiten.«

Nicht nur von Wölfflins *Prolegomena* von 1886, auch von der ebenfalls dem Einfühlungsdenken verpflichteten Schrift *Renaissance und Barock* von 1888 macht die Dissertation kurz Gebrauch. Wölfflins *Kunstgeschichtliche Grundbegriffe* von 1915 – erwähnt im Literaturverzeichnis – werden, wie so manch anderer dort angeführter Titel, in der Dissertation selbst aber nicht herangezogen.

Die Kritik an der »Strukturform« und der »Strukturästhetik« mündet bei Grötzebach in eine Feststellung, in der die Wahrnehmungsfrage das entscheidenden Kriterium ist: »Nicht auf die richtige Form, sondern auf die deutliche Form kommt es an.« Dass die Logik der Konstruktion und die wahrnehmungspsychologisch bedingte Logik der Erscheinung, also die richtige konstruktive Form und die für das Auge deutliche Form, zwei verschiedene Dinge sind, hatte Gottfried Semper mit einem Schlüsselsatz zur Tektonik zum Ausdruck gebracht: »Diese Stabilität, die das Auge will, ist unabhängig von stofflichen Bedingungen.«

Mit dem Begriff Tektonik ist jenes Deutlichmachen gemeint, nämlich, die Darstellung von Tragverhalten für die Wahrnehmung und unser Gefühl für Stabilität. Tektonik bedeutet, die Konstruktion der Empfindung zugänglich zu machen. Mit der Entdeckung von Wölfflin, der das tektonische Denken zu einem seiner Arbeitswerkzeuge machte, tastete sich Grötzebach intuitiv in diese Richtung vor, auch wenn modernistische Scheuklappen daran hinderten, sich einen genaueren Begriff davon zu machen. Die Doppel-T-Träger bei Mies hätten dann nicht mehr als »Pervertierung eines eigentlich konstruktiven Glieds ins Ornament« erscheinen müssen, sondern aus anderer Perspektive als »nicht großartige Konstruktion, sondern großartiger tektonischer Ausdruck.«

Dass der Begriff Tektonik im Zusammenhang mit der Erörterung des 19. Jahrhunderts in der Dissertation überhaupt nicht fällt, überrascht allerdings wenig. Diesen durch Schinkel, Bötticher und Semper angestoßenen Diskurs, fortgeführt um 1880 durch Fiedler, Adamy, Schmarsow, Redtenbacher, in dem die Darstellung der Begriffe Kraft und Last für das Gefühl und die Konstruktion als Wahrnehmungsform thematisiert wird, streicht die Moderne des 20. Jahrhunderts mit der Ächtung von Säule und Ornament und aller geschichtlicher Form auch als Denkform aus dem architektonischen Bewusstsein. Erst in den Neunzigerjahren kehrt der Begriff Tektonik wieder in die Architekturdebatte zurück und löst eine kaum zu unter- und überbietende Polemik aus.

Außer einer flüchtigen Bezugnahme auf Bötticher's *Tektonik der Hellenen* und Semper's »Stil«, zwei namhafte und zugleich auch wohl am häufigsten missverstandene Werke des 19. Jahrhunderts, nimmt die Dissertation von diesem Diskurs keine Notiz. Unbekannt bleibt auch der fulminante Aufsatz von Adolf Göller *Was ist Wahrheit in der Architektur?*, der bereits 1887 das Thema der Dissertation ins Visier nimmt. In der Baukunst, so Göller, komme es nicht auf die Wahrheit oder Ehrlichkeit einer Konstruktion an, sondern auf die Erzeugung einer glaubwürdigen, sprich wahrscheinlichen Kunstform. Göller verweist darauf, dass es zwischen dem Zeigen und Verhüllen der Konstruktion noch eine dritte Möglichkeit gibt, nämlich das Idealisieren einer fingierten Konstruktion als Kunstform – was Grötzebach als jenes, bereits zur Genüge erwähnte, Degenerieren zum Dekor kategorisch ablehnt.

Gewiss, so Göller als einer der Pioniere der psychologischen Betrachtungsweise der Architektur, täuscht eine Pilasterstruktur zur Belebung einer Wand das Auge, indem sie die Vorstellung erweckt, »dass die Pilaster den Architrav tragen und dass das dazwischenliegende Mauerwerk unbelastete Ausfüllung der hohlen Felder sei, (...) Hier sind entschieden nicht vorhandene statische Verhältnisse fingirt und idealisirt, nur um den formalen Reiz der Kunstformen von Stützen und Steinbalken und Mauerbogen zu gewinnen.« Aber diese Kunstform belebt durch eine tektonische Struktur die ansonsten nackte Fläche der Wand, in der alles zugleich Tragen und Lasten ist. Ein der Einfühlung zugängliches Schauspiel der Kräfte verleiht der ansonsten platt und tot wirkenden Oberfläche der Wand Gliederung und plastisches Relief. Deshalb folgert Göller:

»Niemand wird aber ernstlich die Wahrheitsliebe so weit treiben, diese Motive aus der Architektur verbannen zu wollen; denn die Arme würde dadurch den grössten Theil ihres Vermögens verlieren. Wir würden beim Entwerfen eines grossen monumentalen Bauwerks wie mit gefesselten Händen arbeiten, wenn uns der Reliefpilaster oder die Wandsäule und ähnliche nicht mehr ungewöhnliche Redeblumen und Wendungen der architektonischen Formensprache verboten wären. Was thut es auch, dass die Kraftübertragung in der Mauer anders ist, als die Kunstformen sie verkünden? Es könnte so sein, und das genügt! In den Vorstellungen, die das Auge im Anschauen eines solchen architektonischen Scheingerüsts uns zuführt, ist kein Widerspruch enthalten; erst unsere Reflexion bringt ihn dazu.«

In diesem Kontext muss auch noch auf eine andere Publikation verwiesen werden, die der Dissertation den Rücken stärken und zugleich kritische Impulse hätte geben können: die Schrift des englischen Architekturtheoretikers Geoffrey Scott *The Architecture of Humanism*, London 1914, die sich auf die deutsche Einfühlungstheorie von Theodor Lipps und Heinrich Wölfflin beruft; ein Buch, das bis heute auf seine Übersetzung ins Deutsche wartet. Diese Schrift befasst sich mit den fünf großen Missverständnissen in der modernen Architektur, die der Verlauf der Architekturentwicklung des 20. Jahrhunderts erst vollauf bestätigen sollte. Neben dem romantischen, ethischen und biologischen Missverständnis wird auch das technische Missverständnis erörtert, das auf dem trügerischen Ideal der »so-called constructive sincerity« gründet, von welcher die Grundtatsache verkannt wird, dass die Architektur als sinnliche Wahrnehmungsform auf der psychologischen Gesetzmäßigkeit der Übertragung körperlicher Empfindungen in gebaute Form beruht.

Dass mit der Kritik an der Überbewertung des Technischen auch die Erörterung der Frage der Wahrnehmung und Wirkung von Architektur nach Otterlo in der Luft lag, zeigt der zur terminologischen und auch inhaltlichen Klärung gleichsam maßgeschneiderte Aufsatz *Struktur, Konstruktion, Tektonik*, den der Architekt und Kunsthistoriker und Otterlo-Teilnehmer Eduard F. Sekler 1965 auf Englisch und 1967 auf Deutsch veröffentlicht. Dieser Essay, in dem der Begriff Tektonik erstmals wieder in Gebrauch genommen wird, und in dem der Leser neben Bötticher und Semper, Wölfflin und Lipps auch Conrad Fiedler und Geoffrey Scott begegnet, erschien für eine Berücksichtigung in der Dissertation allerdings leider zu spät. Sekler setzt jene drei Begriffe folgendermaßen in Beziehung: »›Struktur‹ als Prinzip und immanente Ordnung wird verwirklicht durch ›Konstruktion‹, aber erst die ›Tektonik‹ macht Struktur und Konstruktion künstlerisch sichtbar und verhilft ihnen zum Ausdruck.«

4. Einfühlung: ja und nein

Grötzebachs These, »daß ›konstruktive Ehrlichkeit‹ an sich für die Ausdruckskraft eines Bauwerks noch gar nichts bedeutet« erkennt an, dass die Ausdrucksmöglichkeiten der Baukunst ausschließlich in der hervorgebrachten Sinneseinwirkung liegen; weshalb es auch unstatthaft ist, »einem logisch durchkonstruierten Bau a priori künstlerische Qualität zuzubilligen.« Diesen Zusammenhang bestätigte der bereits zitierte Satz »Nicht auf die richtige Form, sondern auf die deutliche Form kommt es an.«

Da die Einfühlbarkeit das Kriterium für unmittelbare Anschaulichkeit und Deutlichkeit ist, stellt sich die Kardinalfrage: ob nämlich eine »Formung nur aus den Gegebenheiten der Konstruktion und des Materials heraus unmittelbar sinnfällig« sein kann, also »ob die ›abstrakte Form‹, die nur aus dem Material und der sachlichen Konstruktion entwickelt ist, der psychologischen Einfühlung ebenso direkt zugänglich sein kann, oder ob ihr Sinn durch den Intellekt aufgeschlossen werden muß.«

Die Einfühlung zum Prüfstein für die moderne »abstrakte Form« zu erheben, stellt insofern einen gewissen Widerspruch dar, als die Skepsis gegenüber dem Einfühlungsdenken und tektonischer Empfindung an mehreren Stellen der Dissertation durchschlägt. Sörgels Feststellung, dass es »bei der ästhetischen Beurteilung eines Bauwerks nicht auf die durch technisch konstruktive Maßnahmen gewährleistete tatsächliche, sondern auf die gefühlsmäßige Sicherheit ankomme«, erscheint Grötzebach insofern »bedenklich«, als hier »der erste Schritt« gemacht werde, den »zeitgebundenen ›Gefühlsmaßstab‹ absolut zu setzen«. Dass es umgekehrt »bedenklich« sein könnte, diesen Gefühlsmaßstab im Namen der Zeitgebundenheit völlig zu relativieren und auf reine »Gewohnheitsideale« zu reduzieren, steht für unseren Autor nicht in Frage. Anderseits wird klar und deutlich gesagt, dass sich aus der Feststellung, dass sich »unsere ästhetischen Kategorien der neuen Situation angepasst haben«, keineswegs Rückschlüsse darauf gezogen werden können, »ob die einzelnen Bauglieder in ihrer Formung nur aus den Gegebenheiten der Konstruktion und des Materials heraus unmittelbar sinnfällig sind.«

Ob und inwieweit sich die Sinne zur psychologischen Einfühlung an die abstrakte Gestaltung anpassen oder nicht, bleibt rätselhaft, denn eine Erklärung dieses denkwürdigen Zusammenhangs erhält der Leser nicht. Die Frage, ob die unmittelbare Sinnfälligkeit über den Anteil jeweiliger Zeitgebundenheit hinaus auch etwas Grundsätzliches, Konstantes im menschlichen Formempfinden betrifft, stellt sich ebenfalls nicht. Dies zu erwarten wäre allerdings auch vermessen, denn das Einfühlungsdenken ist nicht der Gegenstand der Dissertation.

Die Wahrnehmung von Architektur hängt unmittelbar mit unserem physischen Gedächtnis zusammen und ist durch am eigenen Leib gemachte körperliche Erfahrung geprägt und ändert sich nicht zwangsläufig mit neuen Gestaltungstendenzen. An unserem körperlichen Empfinden der Wirkung von Tragen und Lasten, Liegen und Aufrichten, Ruhe und rhythmischer Bewegtheit, Zusammenfassen und Ausdehnen hat sich im Laufe des 20. Jahrhunderts trotz modernster Technik wenig geändert. Noch immer empfinden wir, wie schon die Jahrhunderte vor uns, dass eine Pyramide schwer und unbeweglich auf dem Boden lastet, eine gotische Kathedrale aber in ihrem Aufwärtsstreben mehr vom Himmel als von der Erde angezogen zu werden scheint, obgleich für beide dieselben Gesetze der Schwerkraft gelten und beide Bauten durch das Aufeinanderschichten von Steinen entstanden sind, deren Druckkräfte sich vertikal nach unten richten. Denn für unsere Wahrnehmung trägt ein Bauwerk nicht durch die unsichtbaren Widerstände seines Materials, sondern durch seine Form. Sie allein gibt den Ausschlag. Das zeigt sich auch in unserem Sprachgebrauch, wenn wir selbst die geometrisch-abstrakte Form des Rechtecks nach der vom eigenen Körper gelernten Unterscheidung als stehend oder liegend bezeichnen und damit, um es mit Wölfflin zu sagen, »nach den Erfahrungen, die wir an uns gemacht haben«, charakterisieren.

Dass die moderne abstrakte Gestaltung »aus den Gegebenheiten der Konstruktion und des Materials heraus« ganz offensichtlich keine unmittelbare Sinnfälligkeit besitzt, nämlich körperlicher Einfühlung nur schwer oder gar nicht zugänglich ist, wird von Grötzebach ohne weiteres angenommen. Gleiches hatte auch

Siegel konstatiert und daraus die Schlussfolgerung gezogen, die ästhetische Ausdrucksfähigkeit einer Strukturform könne nicht ohne ein verstandesgemäßes Erfassen in ihrem Sinn begriffen werden. Mit Wölfflins Feststellung, dass für den Ausdruck eines Kunstwerks der intellektuelle Faktor beinahe ganz bedeutungslos sei, und dass es ein Irrtum der modernen Ästhetik sei, die Zweckform mit der schönen Form gleichzusetzen, weist Grötzebach diese Pseudoästhetik in ihre Schranken.

5. Der gute Geist der Konstruktion

Hierbei konnte er sich nicht nur auf Wölfflin, sondern auf einen der bedeutendsten Bauingenieure der Zeit berufen, nämlich Eduardo Torroja (1899–1961), der neben Pier Luigi Nervi und Félix Candela zu den Berühmtheiten seines Faches zählt. Machte sich in der Dissertation an Curt Siegels Strukturformen in der Hauptsache die Kritik fest, so wird Torrojas 1961 posthum auf Deutsch erschienene Schrift *Die Logik der Form* zu einer Referenzquelle ersten Ranges – allerdings mit gewissen Einschränkungen, wie wir gleich sehen werden. Die Werke von Siegel und Torroja sind die beiden am häufigsten von Grötzebach zitierten Quellen.

Torrojas Schrift besticht durch eine erstaunliche Sensibilität und Offenheit gegenüber den Belangen der Architektur und verdient es, näher betrachtet zu werden. Aus dieser auch heute noch höchst lesenswerten, souveränen Publikation, die in »geruhsamer Plauderei« Gedanken verfolgen und Begriffe ordnen will, spricht ein Ingenieur, der, nicht zuletzt auch wegen seiner immensen beruflichen Erfahrung, ein weitaus entspannteres und toleranteres Verhältnis zur Architektur an den Tag legt, als die vom Modernitäts-Stress geplagten und sich dadurch selbst im Wege stehenden Architekten dieser Zeit. Ihnen dürfen wir auch den Doktoranden Dietmar Grötzebach zurechnen. Seine bereits erwähnte forsche Kritik an einer abstrakt-gotisierenden Kirchenfassade von Torroja (»zum historischen Zitat degeneriert«) sagt mehr über den Kritiker als über den Kritisierten aus; sie ist Indiz dafür, dass jenes erstaunliche Maß Selbständigkeit und Offenheit, mit dem

Torroja die Architektur betrachtet, über das dem modernen Architekten dieser Zeit verträgliche Maß des Akzeptablen um einiges hinausging.

In seinem Rundblick auf die verschiedenen Tragwerksarten lässt Torroja auch die Wirkungsaspekte der Konstruktion nicht außer Acht. Obgleich der Begriff Einfühlungstheorie ihm vermutlich fremd geblieben ist, räumt er dem »psychologischen Faktor« einen »grundsätzlichen Einfluß auf das Entstehen und die Sprache der Form eines Tragwerkes« ein. Die Griechen als Meister der optischen Feinfühligkeit sind ihm Beweis für die psychologische Notwendigkeit der Nachfühlbarkeit der Form als Voraussetzung für deren ästhetischen Genuss. Mit seiner Erklärung dieser psychologischen Gesetzmäßigkeit kommt Torroja der Sehweise Wölfllins nahe: »Vielleicht, weil das Phänomen des mechanischen Widerstandes in unser Unterbewußtsein eingedrungen ist, vielleicht weil die Formen der Natur es uns so gelehrt haben.«

Das Argument unmittelbarer Nachfühlbarkeit als Grundlage von Anschaulichkeit zieht sich durch Torrojas Betrachtungen der Konstruktion wie ein roter Faden, und es fehlt nicht an anschaulichen Beschreibungen der »gefühlsmäßigen Wirklichkeit« der Konstruktion von geradezu poetischer Anmutung. Der Bogen, »der mit seiner Wölbung die Leere überbrückt«, erinnere »an den Sprung, der die Entfernung überbrückt«, sei immer mit der Vorstellung von einer Widerstand überwindenden Kraft verknüpft und deshalb unmittelbarer Empfindung zugänglich.

Der Säule als konstruktives Element schreibt Torroja eine »ihr angeborene Schönheit« zu, »die wohl darin besteht, daß sie aus einem sich selbst erhebenden Streben dem Boden entwächst.« Diese Charakterisierung des ästhetischen Eindrucks erinnert lebhaft an den Satz von Theodor Lipps, dass die Säule ihren Dienst für unser Auge selbsttätig und als Leistung freiwillig zu verrichten scheint, wenn er sagt: »Die Säule richtet sich auf, sie wird nicht etwa aufgerichtet.« In ihrer Vertikalität, mit der sie »ihr Haupt über alles Umgebende erhebt«, spiegele sich, so Torroja, »das den Gestirnen zugewandte menschliche Wesen wider«; und als bauliche Form besitze sie »die urwüchsige und geheimnisvolle Anziehungskraft des ersten Erfolges, die Vaterschaft des baulichen Gelingens aller Zeiten.«

Torrojas Argumenten folgt die Dissertation in entscheidenden Punkten. Torrojas Vergleich des Bogens mit dem Fachwerkträger wird als plausibles Beispiel für den wahrnehmungstechnischen Unterschied zwischen unmittelbar sinnlicher und logisch-theoretischer Rezeption von Konstruktion aufgegriffen, wenn Grötzebach schreibt: »Das Tragverhalten des Bogens ist augenscheinlicher, liegt klarer vor dem Betrachter; es ist als baulicher Kraftakt, als reine Druckbeanspruchung psychologisch leichter nachfühlbar, während der Fachwerkträger den Kraftverlauf schematisiert, die wirkenden Kräfte in eine Vielzahl schwer verfolgbarer Komponenten zerlegt, so daß auch das geschulte Auge erst nach kontrollierender Überlegung erkennt, wo Druck- und wo Zugstäbe sind.«

Mit der Feststellung »Nicht auf die richtige Form, sondern auf die deutliche Form kommt es an«, zog Grötzebach die Lehre aus Torrojas Argumenten, allerdings ohne sich den damit verbundenen Folgerungen anzuschließen. Denn was die »deutliche Form« betrifft, weist Torroja den konventionellen Schmuckformen der historischen Architektur ihren Stellenwert zur Erleichterung des Einfühlens in konstruktive Zusammenhänge zu, wie es etwa ein Wulst in der Basis der Säule tut, in dem sich Druck als Pressung veranschaulicht. Diesen Gedankenzusammenhang hat Grötzebach durchaus zur Kenntnis genommen, wenn er in der Einleitung einräumt, dass historische Formen, wie Basiswülste und Säulenschwellung »im Bemühen um sinnfällige Form psychologische Betrachtungshilfen« geben können, was aber »von Nebeninteresse« sei.

Als eine solche »psychologische Betrachtungshilfe« erscheint Torroja auch das Ornament als Bestandteil dessen erforderlich, was Schinkel einmal so treffend als die »Leben andeutenden Erfordernisse der Architectur« bezeichnet hat. In der »Verachtung des Künstlers gegenüber allem Ornamentalen« sieht der Bauingenieur Torroja nichts anderes als den Ausdruck jener falschen »Ansicht, daß das Tragwerk keine Verzierungen und kein Beiwerk nötig haben muß, um schön zu sein.« Ja, sogar für das Überflüssige in der Architektur bricht Torroja in seiner Schrift eine Lanze – dem Zeitgeist des Funktionalismus zum Trotz.

Als ob ihm schon die ein Jahrzehnt später eingeleitete Abwendung von der Moderne als Möglichkeit vor Augen steht, sinniert Torroja, dass es in der jetzigen »Übergangsperiode« sehr wohl möglich sei, »daß man auf dem schon beschrittenen Weg umkehrt; und es wäre nicht das erstemal, daß im fortwährenden Kommen und Gehen dieser Entwicklung das Überflüssige wieder zu seinem eigenen Recht kommt. Denn das Überflüssige ist im Grunde genommen etwas freiwillig Dargebotenes, von niemandem verlangt und durch keinen Umstand erfordert, sondern die großzügige Spende einer Anstrengung im Dienste der Lebensfreude.«

Wölfflins Deutung des Ornaments als Überschuss oder Überfluss an Kraft und eine Art von freudigem Hinüberblühen des Notwendigen ins Reich der Freiheit könnte nicht besser erläutert werden. Dass ein Bauingenieur, der wesentlich stärker als der Architekt ins Joch der Notwendigkeiten eingespannt ist, das Moment der Freiheit im Dienste der Lebensfreude als kulturelles Argument für das Bauen verteidigt, ist ein überragender Beweis geistiger Größe.

Nicht zuletzt hat Torroja auch zum Thema »Ehrlichkeit« und »Wahrhaftigkeit« der Konstruktion mehr zu sagen als das, was bis dahin gesagt wurde, und worüber auch die Dissertation nicht spricht. Torroja bezeichnet die »heutige Wahrheitsliebe« als »einen Paroxysmus«, weil »es mit der einfachen Wahrheit nicht getan ist, sondern man will sie mit der Vollständigkeit und Ausschließlichkeit der nackten Wahrheit erkennen.«

Dieser übertriebenen Wahrheitssuche, so Torroja, steht die moderne Bautechnik gegenüber, die es möglich macht, dass sich das statische Tragwerk, wie nie zuvor in der Geschichte der Architektur, aus dem »Zusammenhang mit dem ganzen Bauwerk« herauslösen kann. Die Spezialisierung hat dazu geführt, »daß für die dieselbe Gebäudewand voneinander verschiedene Baustoffe« für Tragwerk Dämmung, innere und äußere Verkleidung gewählt werden können,

»ohne deshalb gegen die Wahrheit zu verstoßen, auch wenn lediglich die Verkleidung von außen sichtbar bleibt; denn, wenn es sündhaft ist zu lügen, so ist es nicht immer Sünde, die Wahrheit zu verdecken.« Auch sei »die Anordnung von verborgenen Bauteilen ausschließlich statischer Natur« unumgänglich und keineswegs zu beklagen. Der Stahlbeton verbirgt seine Bewehrung, und es wäre absurd, »zur Vermeidung einer Täuschung (...) dem Beton seine Bewehrung außen aufmalen zu müssen«.

Über diese technischen Fragen hinaus sieht Torroja die Lösung der formalen Probleme in Bezug »auf den ästhetischen Ausdruck der statischen Wahrheit« zudem auch noch unnötigerweise durch jene künstlerische Verachtung gegenüber allem Ornamentalen erschwert. Denn wenn man – ähnlich argumentierte schon Adolf Göller 1897 – dazu gezwungen ist, »ornamentale Freiheiten wegzulassen«, so würden damit auch dem »Gedankenflug des Künstlers die Flügel« gestutzt »und auch seine Möglichkeiten zur Korrektur und zum Verbergen der Grundformen begrenzt. Deshalb« – so Torrojas Schlussfolgerung – »wird es schwerer denn je, die Aufgabe (des ästhetischen Ausdrucks der statischen Wahrheit, Anm. d. Verf.) erfolgreich zu lösen, trotz oder vielleicht gerade dank dem Fortschritt der Technik, durch welchen das Ziel weiter gesteckt wird.« Die Forderung nach Wahrhaftigkeit in der Architektur erscheint Torroja als eine Chimäre: unter den gegebenen Umständen praktisch uneinlösbar und obendrein ein erkenntnistheoretisches Missverständnis, denn die Wahrheit verbergen zu müssen, ist etwas anderes, als zu lügen.

Gottfried Semper, der sich wie kein zweiter mit dem Wechselverhältnis von Stoff und Form, Technik und Symbolik auseinandergesetzt hat, ist dem Missverständnis der Wahrheitssuche mit seiner Bekleidungstheorie und Stoffwechseltheorie aus dem Weg gegangen. Die Emanzipation der Oberfläche von der tragenden Struktur ist der grundlegende Gedanke seiner Bekleidungs- und Stoffwechseltheorie, von der die Rolle der Konstruktion als notwendiges Mittel zur Herstellung eines Raumkleides relativiert wird. Zur gleichen Zeit, als die Verfechter der Wahrheit in der Architektur Konstruktion und Material im Namen der Ehrlichkeit zu autonomen

Formideen erheben, lässt Sempers Theorie das symbolische Kleid, also die dem statischen Kern übergezogene Raumhülle, und damit die raumbegrenzende Oberfläche dem Prinzip der Konstruktion vorangehen.

In seiner Theorie des »Stoffwechsels«, d. h. der morphologischen Übertragung der ursprünglich an einem leichter zu bearbeitenden Stoff gewonnenen Formen und Begriffe auf ein anderes Material, wie etwa vom Holz in Stein im Tempelbau, emanzipiert sich die Form vom Stoff, gemäß der weitreichenden Bemerkung von Goethe, die »Baukunst« betreibe die Übertragung »der Eigenschaften des einen Materials zum Schein auf das andere.«

Auch das bereits erwähnte Resümee von Dietmar Grötzebach, dass es die eigentliche Aufgabe sei, »im Einklang mit den konstruktiven Gegebenheiten die richtige Form zur deutlichen zu stilisieren, die intuitiv erfaßt und in ihrem Sinn unmittelbar einleuchtend ist«, ließe sich mit einem zum Thema der Dissertation passenden, trefflichen Goethe-Wort umschreiben: dass es nämlich in der Architektur, wie auch in der Dichtkunst, darauf ankomme, so Goethes Charakterisierung der Bauten des Andrea Palladio, »aus Wahrheit und Lüge ein Drittes« zu bilden, »dessen erborgtes Dasein uns bezaubert.«

Anhang

Schriftenverzeichnis

Der Mythos von der konstruktiven Ehrlichkeit
In: Archithese, Heft 5/1973, S. 23–32

Innovationen der Architektur
In: BDA-Aspekte 3, Sonderdruck, Der Architekt, Heft 7/1974

Eine Großreparatur oder viele kleine?
In: Berliner Morgenpost, 20. Januar 1977, S. 4

Zur Vorbereitung einer Internationalen Bauausstellung in Berlin
Hrsg. von: Der Senator für Bau und Wohnungswesen, Oktober 1977 (mit Bernd Jansen und in Zusammenarbeit mit Schäfer und Wartenberg)

Norm und Individualität in der Südlichen Friedrichstadt
In: Baumeister, Heft 9/1984, S. 53–56

Ein »Hofnarr«, der Feuerwehrmann spielen mußte ...
In: Berliner Morgenpost, 7. März 1982, S. 37

Stadtreparatur im alten Zeitungsviertel
In: Arch+, Heft 66/Dezember 1982, S. 26–30

Zu dieser Nummer
In: Der Architekt, Heft 9/1983, S. 407

L'áttividà dello studio Grötzebach Plessow Ehlers
In: Construire A Berlin-Ovest, März 1987, S. 14–32, hrsg. von Pasquale Lovero

Bauen in der Demokratie
In: Idee, Prozess, Ergebnis – Die Reparatur und Rekonstruktion der Stadt, S. 44–51, hrsg. von Internationale Bauausstellung Berlin 1987

Werkverzeichnis

Alle hier verzeichneten städtebaulichen Projekte und Bauten
von Dietmar Grötzebach (G) entstanden in Arbeitsgemeinschaften.
Lebenslanger Partner (seit 1963) war Günter Plessow (P).

Weitere Partner waren:

N	Gerd Neumann, 1964–1972
SF	Jürgen Sawade, Dieter Frowein, 1972–1977
E	Reinhold Ehlers, ab 1974
O	Günter Ohlwein, Bildhauer, ab 1977

Büro NGP

Raststätte Grunewald, Kronprinzessinnenweg, Berlin-Zehlendorf	NGP,	1965–1986
Ev. Gemeindezentrum Plötzensee, Heckerdamm, Berlin-Charlottenburg-Nord	NGP,	1967–1970
Ev. Schule, Guerickestraße, Berlin-Charlottenburg, Wettbewerb, 1. Preis	NGP,	1967–1973
Jugendzentrum Tiergarten, Rathenower Str., Wettbewerb, 1. Preis	NGP,	1969–1972

Büro G+P

Stadtsanierung Bethanienviertel, Kreuzberg, 1. Preis, Planung der Neugestaltung	G+P,	1972–1974
Wohnen am Kleistpark, Potsdamer Str., Schöneberg	SF/GP,	1972–1977

Büro GPE

Block 100, Naunynstr./Mariannenstr./Waldemarstr., Neubau und Altbausanierung	GPE,	1974–1981
Neugestaltung des Mariannenplatzes, Berlin-Kreuzberg	GPE,	1975–1981
Neugestaltung des Spandauer Markts, Wettbewerb, 1. Preis	GPE/O,	1977–1982
Simonshof, Wohnen für Behinderte und Nichtbehinderte, Berlin-Spandau, 1. Preis	GPE,	1978–1984
Wohnhaus über Ausgrabung, Reformationsplatz 4, Berlin-Spandau	GPE,	1979–1984
Wohnhaus Waldemarstr. 94, Berlin-Kreuzberg	GPE,	1979–1981
Mark Hotel Berlin, Meineckestr. 24, Berlin-Charlottenburg	GPE,	1981–1986
IBA, Wohnhaus Kochstr. 7a–14, Berlin-Kreuzberg	GPE,	1981–1989
IBA, Wohnhäuser Dessauer Str. 11–12, Berlin-Kreuzberg	GPE,	1983–1987

Zusammenstellung: Günter Plessow, 2018

Werkverzeichnis

Straßenabwicklung Naunynstraße (Ausschnitt)

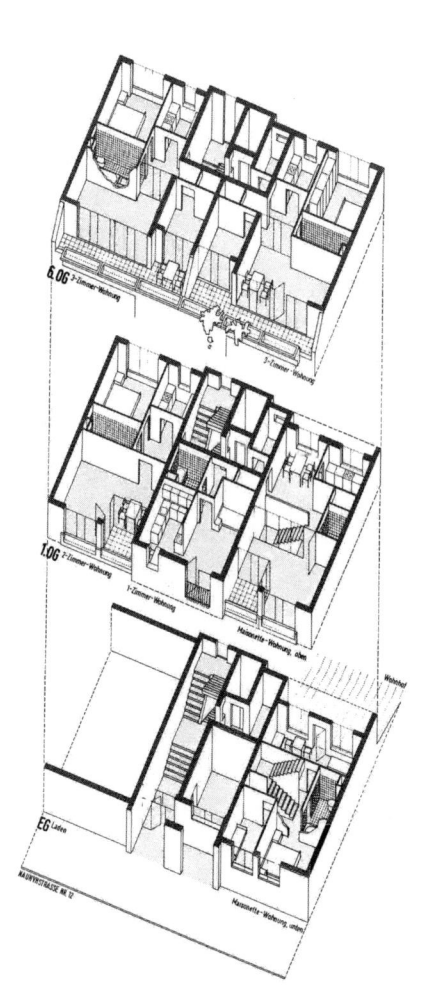

Wohnen in der Naunynstraße, Isometrie

Bethanienviertel, Lageplan

Dieter Eckert, Dipl.-Ing. Architekt, geb. 1957, gründet 1989 das Architekturbüro Eckert Negwer Sommer Suselbeek, seit 2000 Eckert Negwer Suselbeek Architekten; 2004 und 2013 Lehraufträge am Fachgebiet Entwurf und Städtebau an der Potsdam School of Architecture, von 2008 bis 2012 Gastprofessur am Fachgebiet Entwerfen und Konstruktion an der Technischen Universität Berlin, 2014 Gastprofessur an der Architekturfakultät der Universität Bologna; Herausgeber der Textsammlung *Die Architektur der Theorie – Fünf Positionen zum Bauen und Denken*, Berlin 2014.

Dieter Eckert hat vom Wintersemester 1978/1979 bis Sommersemester 1980 das Grundstudium im Fach Entwerfen und Baukonstruktion am Fachgebiet von Dietmar Grötzebach absolviert. 1984 war er einer seiner letzten Diplomstudenten.

Ute Heimrod, geb. 1945, diverse Tätigkeiten in kaufmännischen, wirtschafts- und steuerberatenden Berufen, u. a. in der Betriebswirtschaftsabteilung im Verlag Julius Springer. Von 1972 bis 1985 tätig im Fachgebiet Entwerfen und Baukonstruktion der TU Berlin unter Leitung von Dietmar Grötzebach. 1986 Gründung der Agentur für *Architektur- und Kultur-Management Heimrod* mit ausgewählten Projekten: konzeptionelle Mitarbeit und Entwicklung des *Dressater* von Claudia Skoda mit Eröffnung 1988 *Berlin Kulturstadt Europa*. Koordination von Kunst- und Architekturwettbewerben (u. a. Denkmal Bücherverbrennung, Topographie des Terrors). Von 1994 bis 2002 Denkmal für die ermordeten Juden Europas: Wettbewerb, Ausstellung und Realisierung inklusive Veröffentlichung *Der Denkmalstreit – das Denkmal?* (Mitherausgeberin). Zusammenarbeit mit Peter Eisenman. Seit 2003 beratend tätig.

Ute Heimrod betreute mehr als zwölf Jahre das Fachgebiet von Dietmar Grötzebach an der TU Berlin. Die vertrauensvolle Zusammenarbeit hat sie mit Dietmar Grötzebach zeitlebens freundschaftlich verbunden.

Fritz Neumeyer, Dr.-Ing. Architekt, geb. 1946, 1993 bis 2012 Professor für Architekturtheorie an der TU Berlin. 1992 Jean Labatut Professor, School of Architecture, Princeton University. 1989 Professor für Architekturgeschichte, Universität Dortmund. Zahlreiche Veröffentlichungen zur Theorie und Geschichte der Architektur, darunter: *Mies van der Rohe. Das kunstlose Wort. Gedanken zur Baukunst*, Berlin 1986 (Cambridge/London 1991, Madrid 1996, Paris 1996, Mailand 1996, Seoul 2009, Berlin 2016); *Oswald Mathias Ungers Architetture 1951–1990*, Mailand/Stuttgart 1991; *Friedrich Gilly 1772–1800. Essays on Architecture*, Santa Monica 1994 (Berlin 1997); *Ludwig Mies van der Rohe. Hochhaus am Bahnhof Friedrichstraße*, Berlin 1992; *Der Klang der Steine. Nietzsches Architekturen*, Berlin 2001; *Quellentexte zur Architekturtheorie*, München 2002; *Hans Kollhoff. Das architektonische Argument. Texte und Interviews*, Zürich 2010; *Cos'è una facciata? Imparare da Alberti – What is a Facade? Learning from Alberti*, Azzate (Varese) 2015.

Mit Dietmar Grötzebach war Fritz Neumeyer seit dem Wintersemester 1982/1983 als Lehrbeauftragter zur Vertretung des Fachs Architekturtheorie an der TU Berlin kollegial und darüber hinaus auch freundschaftlich verbunden.

Die Herausgeber und der Verlag danken der Familie Grötzebach für ihre Unterstützung.

Die Deutsche Nationalbibliothek verzeichnet diese Publikation in der Deutschen Nationalbibliografie; detaillierte bibliografische Daten sind im Internet über http://dnb.d-nb.de abrufbar.

ISBN 978-3-86922-666-8

A DOM publishers

© 2018 by DOM publishers, Berlin
www.dom-publishers.com

Dieses Werk ist urheberrechtlich geschützt. Verwendungen außerhalb der engen Grenzen des Urheberrechtsgesetzes sind ohne Zustimmung des Verlags unzulässig und strafbar. Dies gilt insbesondere für Vervielfältigungen, Übersetzungen, Mikroverfilmungen sowie die Einspeicherung und Verarbeitung in elektronischen Systemen. Die Nennung der Quellen und Urheber erfolgt nach bestem Wissen und Gewissen.

Lektorat
Inka Humann

Gestaltung
Dmitriy Sadovnikov

Druck
L&C Printing Group, Krakau
www.lcprinting.eu

Danksagung
Christiane Hauss und Wilfried Hartmann (†), Heidelberg
Hubertus Negwer, Potsdam

Bund Deutscher Architekten
Landesverband Berlin **BDA**